辰巳芳子

慎みを食卓に

〜その一例〜

NHK出版

目次

第四章

第五章

第六章

●この本で使用している計量カップは200㎖、計量スプーンは大さじ15㎖、小さじ5㎖です。1㎖＝1㏄です。
●「塩」は天然塩を使っています。
●「鶏のブイヨン」は、29ページを参照してください。

二十一世紀は慎みの時代　辰巳芳子

表題の「慎み」について一考したいと望みます。

慎みの本来性は、心の内的態度のおのずからなる表出でありましょう。

それは「分《ぶん》」をわきまえる、分際を知る、知ろうとするところに端を発するのではございませんでしょうか。

而《しか》して、「分」の根源は、あることはある、ないことはないとする、知性と魂の選択、決定であり、それを表現する、つまりそれを生きるには、ふさわしい情感と形の習練さへ求められるものであります。

恵與《けいよ》されているもの、欠如しているもの。掌中をゆるされるもの、ゆるされぬもの。これらの弁別は、清濁併せのむとは、まったく一線を画する態度と言えます。

真の「慎み」は、各個人の世界観による、内的心得とその態度が原点ではありますが、今やあらゆる共同体、企業、そして国家、人類としての、地球的慎みを表現せねばならなくなりました。

各分野の大人たちは己の「慾」の行方を、「分際」をわきまえ、分析せねばなりません。

私《わたくし》は、私共《ども》の分野から始めます。食は、地に足のついた分野で、その気になれば、明日からでも行えるはずですから。この分野で、手足を動かす習練をすれば、その呼吸、等しい呼吸で、他の分野に呼びかけが可能でありましょう。特に食の一次生産者と手を組むことは可能です。必要な可能性です。今世紀の確かな希望と安定の縁《よすが》となるでしょう。

物事はいずれの分野においても、根源的に思索され、行われなければなりませんが、ことさら「食」

においては、「人はなぜ食さねばならぬか」ということをできうれば科学的に考察、立証していただきたく望みます。

そこにおいて、把握されるところは、「いのちの仕組み」であります。呼吸と等しく、いのちの仕組みに組み込まれている、食べること。この自明は、どこまで明らかにされておりますでしょうか。すべての「いのちの仕組み」は、いのちがよりよく在《あ》るよう、生きてゆきやすく在るように、想像を絶する仕組みに違いありません。

食のいずれの分野に属する方々も、この自明から、心も、意も、力も離さずにいていただきたい。すなわちこの命題を生きると、真の意味で人は何故生きるのかという根源に容易に至りつき、人間の分際も明らかになるのではないかと、考えられてなりません。

食の窓は、一見何気ない小窓に見えますが、広く深く、しかも明確、明瞭、歴然です。この窓からさまざまな合図を送ることも可能です。国を動かし、地球環境を左右することもできます。

今回の出版は、申し述べたようなことを踏まえ、食まわりにおける慎みの方向の単なる一例でございます。

根源から離れぬ者は、簡潔に歩めます。幼児のごとくならずば、神の国に入らざるべしとは、このことかと存じます。

二〇〇七年二月吉日

風土とともに生きる

諸民族のあらゆる文化、文明には必ず風土が大前提にありました。風土というものは、土地柄を決定的に条件づける要因といえます。

ことさら食文化は、風土の突出部そのものです。各民族が、その土地柄を生きて生きやすく、生命を発展せしむべく食してきた体験的統計です。人間は、土地柄のもので養われ、体をつくり、人柄さえも形成されてゆきます。

しかし、現代は、風土との接し方がわかりにくい人々が増えました。具体的にどのようにすれば、風土とともに生きることができるのでしょうか。その二、三の実例を示すのが、この本の命題です。身近な自然で養われてゆく。身近な自然で食まわりを調える。

つまり、身近にあるもので豊かに食べる工夫をすればよいのです。ただし、自然といっても、食材の旬だけではありません。

旬とは、あくまで土地柄の表質部の一部。旬の向こうに風土がある。風土(土地柄)に即して食べるべきです。二、三の例を挙げるなら、米ぬかの用い方、梅干しの利用法、すり鉢でのすり仕事、だしの利用法などは、風土的食仕事でしょう。この本では、皆さんが見落としがちなところを埋めていきました。

日本の食文化は多様です。北海道から沖縄まである細長い国ということが理由の一つといえます。旬ですら土地柄によって異なるほどです。さらに、日本人は農耕民族と同時に海洋民族であることを忘れてはなりません。

そういった日本の風土を理解する重要性は、二十一世紀への展望があるからこそです。展望……それは、各民族が自己の食文化を分析し、お互いに情報を交換すること。それをもとに、温暖化など地球環境の変化に対処するため、新たな食文化の組み立て作業にかかること。例えば、過去に食べてきた身近な自然を、異文化で洗い直し、現代の新しい視点で食べること。これが今後の課題でもあります。

主体はいのち。いのちを守るため、いのちをていねいに生きるため、人間の限界を知り、自然の法則を知り、風土とともに生きてほしいと願っています。

生きることは、いのちをいただくこと

中村桂子

辰巳先生がスープをつくっていらっしゃる写真を拝見するだけで、漂ってくる湯気の温かさに包まれているような豊かな気持ちになります。そこに〝いのち〟が感じられるのです。

生きものは食べずには生きていけません。しかも、食べものはほとんどが「生きもの」です。肉類、魚類はもちろん、野菜も果物も海藻もきのこも、皆生きものです。生物学は、地球上に存在する生きものはすべて細胞でできていること、その中にＤＮＡ（ゲノム）を持ち、そのはたらきで生きていることを明らかにしました。人間もブタもコンブも同じ。これが偶然とは考えにくいので、あらゆる生きものは祖先を一つにする仲間に違いありません。生きものは一つ一つが懸命に生きており、しかも私たちの仲間。これを知ったうえでも、わたしたちは食べることを止めるわけにはいきません。仲間を食べる。別の言い方をするなら、仲間だからこそ、それを食べれば自分の体がつくれるわけです。生きるということは、なんと厳しいことか。食べるという日常は、もっとも厳しい形で〝生きる〟を考えさせることなのです。

〝生きる〟とは何か。難しい問いですが、それは〝時間を紡ぐことである〟というのが、研究者としてのわたしの実感です。すべての生きものの祖先があると申しましたが、それが地球上に誕生したのは三十八億年前、つまり、今ここに生きているものはすべて三十八億年という長い歴史を共有しているのです。どんな小さないのちも、三十八億年という時間をその体の中に持って生きています。この重みを感じながら食材に向き合うとき、おのずと〝いのちをいただく〟という気持ちが湧いてくるのではないでしょうか。

いのちあるものは、常に関わりの中にあるということも考えたいことの一つです。生きるということは大変な作業であり、どの生きものも懸命です。餌を求め、子どもを育て……。その結果、どれか一つの生きものが勝利を収めるのではなく、多様な生きものたちがそれぞれの特徴を生かしながら生きていく関係が生まれました。皆が〝わきまえて生きている〟という状態になったのです。わたしたちも生きものの一つとしてのわきまえを持たなければ、他の生きものに対して恥ずかしいと思うのです。

「時間」と「関わり」というと難しく聞こえますが、実は、一人一人が自然の中で暮らしていたときには、自ずと身についていたことです。庭にある梅の実で梅干しや梅酒をつくっていれば、梅の木が育つまでの年月、梅雨の時期に実がなるまでの一年という時間を体で感じとることができます。ところが、都会生活者が増え、マーケットへ行けばあらゆる食べものが手に入るという現代、生きものが持つ「時間」と「関わり」を実感することが難しくなってしまいました。

研究者として、是非自然と直接接していただきたいと申し上げるのは、頭でっかちになってほしいからではありません。科学が明らかにした、細胞やDNAを通すと、長い長い時間、五千万種もいると言われるさまざまな生きものたちとの広い関わりが、より強く実感できるからなのです。

このような気持ちで食べものに向き合えば、食べられる生きものたちも、いのちを一〇〇%輝かせてくれるでしょう。

なかむら・けいこ　理学博士。JT生命誌研究館館長。東京都出身。1936年生まれ。東京大学理学部化学科卒。三菱化成生命科学研究所人間・自然研究部長、早稲田大学人間科学部教授、大阪大学連携大学院教授などを歴任。JT生命誌研究館副館長を経て、現職に。

第一章
春

〜いのちの発露を食す〜

春を待つ人々の心根は、よみがえる新たないのちに、自分のいのちを重ね、一つ光りの中で、ともに息づく、その安らかな充足をこそ仰ぎ求めているように思う。

　わたしは小さな谷戸に住み、立春から晩春に至るまで、つまり蕗《ふき》の薹《とう》から筍《たけのこ》に至るまで。

月がうるみ、辛夷《こぶし》が乳白色の花をまとい、五葉あけびのほろほろとした小豆色が下がるまで。

　春の移ろいを身にうける幸せの中にいる。

　積年の山裾暮らしのおかげで、ものは、もの同士の調和で生きうるが、人は、ものがなければ生き得ぬ約束事は骨身にしみた。

　納得の一端が、菜の花の育て方、摘み方、食べ方の一例である。おかげさまで春愁は知らず梅雨を迎えている。

楽しみは　みんなみんな
その中にあると思う

春の献立 その一

菜の花の小丼
ふわふわ卵
ぶどう豆
若竹小吸い物
漬物（新キャベツ・大根のぬか漬け、紅しょうが）
カモミールの花を添えて

春の息吹きは、生命の発露そのものです。この季節、菜の花を育て、つぼみを摘んでは、食卓に運びます。つぼみの生命力を身にとり入れると、春のけだるさ、疲れなどをまぬがれやすいのです。

食べるということは、生命の刷新です。

都会生活者は「自分が自然の一環である」と日々感じることは難しいと思います。だからこそ、都会の方ほど、生命の仕組みを見失わないように、食べ物は手づくりするべきです。食べ物は、身近に残された唯一の自然ですから。

日本人は、その時節を「しのぐ」食べ方をしてきました。しかし、温暖化が進む現在、今後は「迎え撃ち型」を意識しないと、特に夏季は生きにくいかもしれません。

菜っ葉はいきなり洗ってはなりません。水に浸しておけば、自然に汚れが落ち、生気も取り戻すのです。

春は、はまぐり、赤貝、あさりをはじめ、貝がいちばんよい季節。貝塚が示すように、日本人は貝を食べてきた海洋民族であることを忘れてはならないのです。

菜の花の小丼

畑の菜の花を、ご飯が炊ける間に摘みに走り、触ればキュッキュッと音のするほどの茎を扱って丼にします。あらゆるぜいたくな丼ものを超えて美味なもの。
ガーデニングの仲間に、菜の花も入れてください。

材料（1人分）
炊きたてご飯…小丼に軽く1杯分
菜の花…1ワ弱
エクストラバージンオリーブ油…大さじ$1\frac{1}{2}$
塩…一つまみ
酒…小さじ$1\frac{1}{2}$
しょうゆ…小さじ$1\frac{1}{2}$

1 菜の花は柔らかい花茎と葉の部分を摘む。店に売っている菜の花を用いる場合は、水に2時間ほど放ち、生気を取り戻す。水けをきって布で包み、水分をふりきる。
2 鍋に菜の花を入れ、オリーブ油を上から注いで火にかけ、塩をふっていためる。酒、しょうゆを順に加えてからめる。鍋底に汁が少々残るくらいで火を止める。
3 丼にアツアツのご飯を盛り、菜の花をのせ、鍋に残った汁をかける。

ふわふわ卵

卵のふくらむという本質を最大限に生かした食し方。使い勝手のよい土鍋、しょうゆという熟成調味料あってこその料理です。
いり卵のように、あまりいじらないことが、ふわふわに仕上げるコツです。

材料（2〜3人分）
卵…4コ
酒…大さじ6
オリーブ油…大さじ1〜2
砂糖（赤ざらめ）…軽く山盛りで小さじ4
うす口しょうゆ…小さじ3
塩…少々

1　ボウルに卵を入れて溶きほぐし、残りの材料すべてを加えてよく混ぜる。
2　小さめの土鍋に**1**を流し入れ、ふたをして、ガス全開の最強を10として6の火にかける。
3　時々ふたを取り、土鍋の周囲や鍋底に固まった卵を木べらではずすように返す。ふっくらとふくらんだら、火から下ろす。

ぶどう豆

日本人好みの代表的大豆料理。大豆によらず、他豆類をも、自由自在に扱えるか否か、実は二十一世紀の課題です。
　すべての豆料理は、二重鍋でまとめ炊きし、これを小分けにして冷凍しておきたいもの。これを多角的に展開すれば、豆をおっくうがらず食せます。

材料（つくりやすい分量）
大豆…カップ2
砂糖…カップ1〜1 1/2
しょうゆ…小さじ2

1 大豆は洗い、5倍量（カップ10）の水に一晩浸しておく。

2 水は替えず、鍋に移してふたをし、そのまま火にかける。煮立つと吹きこぼれるので、煮立ちはじめたら必ずふたをずらし、火を細める。煮汁は常に豆の上、2〜3cmまでかぶっているように注意し、差し水をして調整する。

3 豆は、小指と親指で軽くつまみ合わせるとつぶれるほどまで、柔らかく煮る。砂糖を加え、ごく弱火でコトコトと煮る。40〜50分間煮込むと、豆のぼやけたような柔らかさが引き締まってくる。食べてみてよければ、しょうゆを差し、ひと煮立ちしたら火を止める。

メモ　煮汁が多すぎる場合は、煮汁だけを再び火にかけて煮詰め、豆を戻し入れる。しょうゆを差すと、冷めるにしたがって、ふっくらとしていた豆にしわが寄ってくる。それが上々の煮え加減である。

若竹小吸い物

新わかめと、姫皮の可食部を、つくせるほどに細く切り、そのさらり感を木の芽の吸い口で楽しむ。たけのこの椀《わん》の極め付きと言えるかもしれません。

材料（5人分）
新わかめ（戻す。正味）…カップ1/2
ゆでたけのこの穂先の姫皮…カップ1/2強
（ゆでたけのこの皮に続く甘皮。たけのこのゆで方は、22ページ参照）
一番だし…カップ5
うす口しょうゆ…適宜
塩…少々
木の芽…適宜

1 ゆでたけのこの姫皮は2㎜幅ほどの細切りにする。

2 わかめは1.5㎝ほどの角切りにする。

3 少量のだしをうす口しょうゆ少々でごく控えめに味を調え、**1**と**2**をそれぞれ別の鍋で、軽く炊き含めておく。

4 だしをうす口しょうゆと塩で味を調え、供する寸前、たけのこの姫皮とわかめを加えて温め、椀に盛り、木の芽を添える。

メモ　たけのこを三角形に切った、従来の若竹椀に疑問を感じ、姫皮をこのように扱った。

菜の花のオードブル

菜の花は、ブロッコリの倍も美味であることを知る食し方。

和のハーブ・みつばの新芽も添えました。買った根みつばの根を土に生けると、こんな芽を摘める日が来ます。

材料（つくりやすい分量）
菜の花…一つかみ
塩…適宜
チーズ…適宜
みつばの芽…適宜
エクストラバージンオリーブ油…適宜

1 おいしいひたし物は、塩湯の塩加減が味を左右する。ゆでもののコツは、塩加減を必ず味見して、塩味を調えてからゆでること。吸い物よりやや濃いめの塩加減にしておく。

2 鍋より小さめのざるに菜の花を入れ、煮立った塩湯に菜の花が浸るようにざるを沈める。

3 花房に火が通ったら盆ざるにとり、流水をかけて粗熱を取る。さらに氷水をかけて発色させる。布ではさみ、水分をふりきる。

4 器に盛り、食べやすく切ったチーズ、みつばの芽を添え、仕上げにオリーブ油をかける。

メルバトースト

保存のきくメルバトーストは、時間があるときに多めにつくっておきたいものです。

密封できる瓶や缶に入れておけば4〜5日はもちますので、重宝します。

材料（つくりやすい分量）
バゲット（薄切り）…適宜
にんにく…1かけ
オリーブ油…カップ$\frac{1}{3}$

1 にんにくは薄切りにし、厚手の小鍋に入れてオリーブ油を注ぎ、最強を10として1〜2の火で静かに加熱し、にんにくの香りをオリーブ油に移す。

2 バゲットの片面にはけで**1**を薄くぬる。

3 オーブントースターの受け皿に並べ、焼き色がつくまで焼く。

春の献立 その二

たけのことつわぶきの炊き合わせ
あいなめのお椀《わん》

「味つけ」という言葉があります。この言葉ゆえに料理は方向を誤ったかもしれません。なぜなら味はつけてつけられるものではないと、つくづく感じておりますから。味はひというものは「おのづから」なるものであり、料理の役目は、調味料を仲立ちとして、ものの持ち味を生かす、導き出すところにあるのです。そのゆえに理《ことわり》を料《はか》ると書きます。

その事実をいやおうなく教えてくれるのが、性根の強い素材です。そうした素材が、優しいはずの春という季節に集中しています。よみがえるいのちの季節だからでしょうか。顕著な例として、たけのこ、つわぶき（山蕗）、身欠きにしん。ここではつわぶきの扱いをとり上げます。

ふき（水蕗）は先にゆでてから皮をむきますが、つわぶきは皮を先にむき、皮は捨てず、順に水に投じます。紅茶色になってくる水に、皮を引いたつわの軸を浸してゆきます。この水を熱し、つわをゆでると、ひすい色にゆで上がるのです。秘訣の秘です。

たけのこのえぐみは、たんぱく質を添えると、うまみになってゆきます。たけのことかつお節はそのゆえです。土佐では、かつおの中落ちでたけのこを炊くため、たけのこの時期は、中骨の奪い合いになると聞きます。

たけのことつわぶきの炊き合わせ

たけのこ仕事のおもしろみは、第一に、その形が造型的であること、一本の造型に根方《ねかた》、中程《なかほど》、先端、姫皮と四つの部分があり、わたしたちはこれを包丁し、使い分ける造型感覚を問われること。

第二はアク（性根）をどこまでぬくか、性根を残す限界を見定める点です。こうした強さに対してはつわぶきこそふさわしいのです。

材料（つくりやすい分量）

たけのこ…適宜

米ぬか…一〜二つかみ

赤とうがらし…数本

たけのこの煮汁

一番だし…たけのこがかぶる程度

塩・うす口しょうゆ・みりん・酒…各適宜

つわぶき（山蕗）…適宜

つわぶきの煮汁

みりん・酒・梅干し…各適宜

うす口しょうゆ・塩…各少々

● たけのこをゆでる

1 たけのこは、根元の堅い部分を包丁でこそげ落とし、穂先を斜めに切り落とす。よく火が通るように、縦に1本包丁目を入れる。

2 鍋にたけのこを入れ、かぶるくらいの水を注ぎ、米ぬか、赤とうがらしを加えて落としぶたをし、火にかける。沸騰したら中火にし、途中で水を足しながら40分から1時間、竹ぐしを刺してスッと通るまでゆで、これを水にとる。毎日水を替えれば2〜3日間はもつ。

3 たけのこを取り出して洗い、皮をはずす。料理に合わせて使う部位、切り方はおのずと異なる。穂先の姫皮は若竹小吸い物のためにとっておく（17ページ参照）。

● たけのこを炊く

4 ゆでたけのこは、約2cm厚さの輪切りにして縦半分に切る。穂先は縦4つに切る。

5 鍋にたけのこと煮汁を入れて火にかける。煮立ったら火を弱め、コトコトと味を含ませる。

● つわぶきを炊く

6 つわぶきは20ページの要領でゆで、4〜5cm長さに切る。

7 つわぶきの煮汁は、ヒタヒタになる量の、2倍のみりんと酒を鍋に用意する（みりんと酒は1対1）。梅干しを加えて煮立て、半量は別の鍋に移して冷ます。一方の鍋でつわぶきを煮て取り出し、冷ました煮汁に浸して含ませる。

● 盛り合わせる

8 たけのこ、つわぶきを盛り合わせ、あれば木の芽をあしらう。

あいなめのお椀《わん》

淡泊なあいなめを骨切りし、粉をふり込んで揚げました。脂ものが少ない日本の献立に、油処理したお椀を添えるのは好ましいものです。

材料（3〜4人分）
あいなめ（三枚におろした片身）…1枚
（あいなめ用）塩・くず粉（または、かたくり粉）…各適宜
揚げ油…適宜
焼き麩《ふ》…適宜
せり…適宜
一番だし…適宜
（1人分カップ3/4が目安）
塩・うす口しょうゆ…各少々

1 あいなめは腹骨をすき取り、軽く塩をふる。まな板に皮側を下にしておき、骨切りをする。皮一枚を残して切り目を入れていき、椀の大きさに合わせて3〜4つに切り離す。

2 骨切りした身に、はけでくず粉を切れ目の間までふり込む。160℃の油で揚げる。

3 少量のだしを塩とうす口しょうゆで味を調え、焼き麩、サッとゆでたせりを、それぞれ別の鍋で、軽く炊き含めておく。

4 だしを塩とうす口しょうゆで味を調えておく。

5 椀にあいなめ、焼き麩を盛り、4の汁を注ぎ入れ、せりを添える。

メモ　塗りのお椀は、容器に40℃くらいの湯を用意し、その中で椀をあらかじめ温めておいてから、汁を注ぐこと。

たけのこご飯
たけのこのつくだ煮
ふきの葉のつくだ煮

日本人にとって米は「一粒の種籾《たねもみ》から二〇〇〇粒、三〇〇〇粒もの米を実らせる稲。二年で四〇〇〇万、三年で八〇億、四年で一六兆」（富山和子『日本の米』中公新書）。

このような穀類に出会った喜び、感謝であり、品種改良に向けての努力。生命を守る苦楽をわかつのも、米・稲作であったのであります。

田植えから刈り入れまで百三十五手間。この手間が日本人の資質を創ったといえます。

黒塗りの飯器をつくったのは、米に対する敬意の念。白い米を最も美しく装わせようとの念願であったでしょうか。

パンの国の容器とは距離を感じます。

写真のたけのこご飯は、炊き込みご飯でありながら、たけのこを線に切ったがゆえに、こうした飯器にも適するのです。

造型の心です。

たけのこの下部の堅い部分は、たけのこご飯、つくだ煮に。穂先の姫皮は若竹椀《わん》、真ん中や穂先は煮物、揚げ物など使い分けは自在に。

たけのこご飯

従来のたけのこご飯の、たけのこの切り方では、ご飯とのからみが実に悪いのです。
　それで、米とたけのこをともにするときは、根に近いところをせん切りにして用いることにしました。目にも味にも改善されたはず、物相《もっそう》（木の型）で抜くことも可能となりました。

材料（つくりやすい分量）
米…720㎖（4合）
ゆでたけのこ（下部。せん切り）…カップ山盛り1
（たけのこのゆで方は、22ページ参照）
昆布…（5㎝角）3～4枚
塩…小さじ$\frac{2}{3}$
酒…大さじ2
うす口しょうゆ…大さじ$1\frac{1}{2}$～2
木の芽…適宜

1　ゆでたけのこは全形のまま、まな板におき、下部から繊維を断つようにごく薄い輪切りにする。さらに、せん切りにする。

メモ　あらかじめ、下部を切り離してから薄切りにすると、不安定で切りにくいので、全形のまま扱うとよい。

2　米は研ぎ、普通に水加減をし、昆布、塩、酒、うす口しょうゆ、**1**のたけのこを加えて普通に炊く。

3　器に盛り、木の芽を天盛りにする。

たけのこのつくだ煮

切り方は、たけのこご飯と同様に。つくだ煮とはいえ、色合いはぞうげ色、木の芽の香り高く、上品な仕上がりです。

材料（5人分）
ゆでたけのこ（下部。せん切り）…カップ2
酒・水…各カップ1/4
うす口しょうゆ…大さじ1
木の芽（包丁でたたく）…大さじ山盛り1

1 ゆでたけのこは「たけのこご飯」の要領で、せん切りにする。

2 鍋に**1**、調味料と水を入れて火にかけ、ふたをして炊く。後にふたを取って水分をとばす。これをバットに一気に広げて熱気を去る。木の芽をふり込み仕上げる。

ふきの葉のつくだ煮

まだごく若い水蕗。葉の直径が3～4cm、茎が竹ぐしほどの太さ。これでつくると味わいは格別です。

材料（つくりやすい分量）
若いふき（ゆでて刻み、軽く水けを絞った状態で）…カップ1
塩…少々
煮汁
昆布だし…カップ1/2
酒…カップ1/4
うす口しょうゆ…大さじ3
梅干しの種…1コ
赤とうがらし…1本

1 ふきは葉と茎に分け、塩を入れた熱湯で別々にゆでて、冷水にさらしてアクをぬく。水けをきって細かく刻み、水けを軽く絞る。

2 鍋に**1**と煮汁の材料を入れて火にかけ、ふたをして汁けがなくなるまで弱火で煮る。

たけのこのグラタン

たけのこを外国の方に召し上がっていただくなら、ベシャメルソースでグラタンにすれば喜ばれるでしょう。もっとも、現在の日本人にとっても新鮮な味わいかもしれません。ベシャメルソースは、恩師・加藤正之先生のレシピです。

材料（4人分）
ゆでたけのこ…500g
（たけのこのゆで方は、22ページ参照）
鶏のブイヨン（たけのこ用）…たけのこを入れてヒタヒタ
塩…適宜
ベシャメルソース…基本の半単位（左ページ参照）
鶏のブイヨン（ベシャメル用）…約カップ1（左ページ参照）
パルメザンチーズ…適宜
バター…少々

1 ゆでたけのこは一口大に切る。鍋に入れ、鶏のブイヨンを注いで塩で味を調え、弱火で味を含ませる。

2 ベシャメルソースを、温めた鶏のブイヨンでのばし、裏ごしする。鍋に入れて弱火にかけ、**1**のたけのこを加え、木べらで鍋底から混ぜ、5分間くらい「なじませ炊き」をする。

3 グラタン皿に**2**を入れ、パルメザンチーズをふり、バターをちぎってのせる。180℃のオーブンで表面に焼き色がつくまで焼く。

ベシャメルソースのつくり方

材料（基本の1単位。6〜8人分）
バター…50g
小麦粉…70g
牛乳…360mℓ
ローリエ…1枚
塩…小さじ1

1 直径12㎝の厚手の鍋にバターを入れ、弱火でバターを溶かす。

2 小麦粉を一気に入れて練り合わせ、7〜8分間練り続ける。

3 粉がさらさらになったら、小麦粉と同温の牛乳120mℓ、ローリエ、塩を加え、練り続ける。

4 もち状に一つに固まったら、牛乳120mℓを加え、練り続ける。再び、もち状に一つに固まったら、牛乳120mℓを加えて練る。

5 柔らかめのもちのようになったら、さらに練る。つやを帯び、羽二重のような、なめらかさを備えたらでき上がり。

●鶏のブイヨンは、日本スープ株式会社の「チキンクリアスープ」がよい。
【問い合わせ先】茂仁香（モニカ）
TEL 0467-24-4088
FAX 0467-24-4388

アクに対する手当て

人類は、生きるに益あるものと、害になるものを識別してきました。

アクに対する対処法は、この延長線にあると考えます。都合のよいところを生かし、悪いところを解消する。

時に、アクを独自のうまみ、味方にすることもあります。

①米ぬか（左ページ参照）

②灰（草木灰。中でもくりのいがの灰は最高とか）

わらび、くり、ふきのとう、ぎんなんなど

③水にさらす

ごぼう、にんじん、じゃがいも、豆類など

つわぶき（山蕗）は、皮をむいて水に入れ、その水に浸す。そのものののアクでアクを解消する。

④酢水にさらす

れんこん、うど

⑤塩

- 塩をまぶす　ふき（水蕗）、こんにゃく
- 塩水にさらす　なす
- 塩湯でゆでる　ふきのとう

米ぬかの利用法

食して都合の悪い成分を、解消するのに用いてきたものには、灰と米ぬかがあります。

日本人は、賢く米ぬかを多用してきた民族です。たけのこをはじめ、アクを解消する手段としては秀逸ですので、現代人にとっても忘れ去りたくない知恵でしょう。

①原形で用いる

- ぬか床（保存する方法）
  野菜（ぬか漬け、たくあん）
  魚（いわし、にしん、ふぐ）

②水に溶かして用いる

- 植物のアクを解消する
  主従なる根菜、たけのこなど
- 魚の脂などを抜く
  身欠きにしん、塩ざけのアラなど
- 器物を洗う
  ぬか袋に入れて何年も床をふくと底光りする。
- 人の顔、体を洗う
  ぬか袋に入れて体をこする。

ぬか漬け

たくあん

いわし

にしん

ふぐ

身欠きにしんと
昆布の煮合わせ
せりのからしあえ

日本の食文化の特長を、最も表している食材は、次の3つです。

一、米
二、だし
三、しょうゆ、みそなどの発酵調味料

特に米は、武士の給料を米の単位で表現したほどのもので、籾殻《もみがら》から藁《わら》にいたるまで、巧みに、捨てるところは一物の無駄なく使いました。

現代は、ぬかの用い方さえ知らぬ方が増えました。ぬかの力を再考する意味でも、身欠きにしんや塩ざけを、ぬかで扱ってみてください。用いるぬかについてですが、有機無農薬米のぬかは別格です。

身欠きにしんの脂と渋みをぬくには、ぬかを布で包み、水の中でもみ出し、ぬか水をつくり、二度、三度、この水をつくり替えては、不要の成分を解消するのです。段取り一つで、手のかかるはずはありません。実地の科学ですから、子どもに観察、報告させるとよろしいのです。

さんしょうの葉や、実が欠かせません。さんしょうは、渋みを解消します。

身欠きにしんと昆布の煮合わせ

ぬか水で手間をかけて下ごしらえをしておけば、煮上がりが違います。身欠きにしんがおいしく炊けるようになれば、どんな煮魚でも上手にできるでしょう。

材料（つくりやすい分量）

身欠きにしん（正味）…800g
米ぬか…適宜
昆布…（60cm長さ）1本
赤とうがらし…2本
実ざんしょう…大さじ1
（またはさんしょうの葉…カップ1/2）
酒…カップ1
枝番茶の煮出し液…適宜（または水）
砂糖…300g
しょうゆ…カップ2/3
黒砂糖・しょうゆ・酒…各適宜

1 米ぬかを布で包み、水の中でもみ出し、濃いぬか水をつくり、身欠きにしんを一晩つける。

2 翌日、つけ汁の中でにしんを洗い、新しくつくった濃いめのぬか水に、もう一日つける。

3 翌日、にしんを取り出して掃除をし、水で洗う。新しいぬか水に、さらに半日ほどつける。水で洗い、3等分に切る。

4 昆布は2cm幅、3cm長さに切る。鍋に、にしん、昆布、赤とうがらし、実ざんしょうを並べ、酒をふり入れて火にかける。鍋回しをして酒を全体に行き渡らせる。枝番茶の煮出し液を材料の5cm上まで注ぎ、落としぶたをして1時間ほど弱火で煮る。煮汁が減ったら煮出し液か水を足す。

5 にしんと昆布が柔らかくなったら、砂糖の半量を入れて1時間煮る。残りの砂糖としょうゆを加えて煮る。火を止めて鍋回しをし、そのまま蒸らす。

6 翌日、にしん、昆布、煮汁の味をみて、黒砂糖、しょうゆ、酒で調える。

7 器に盛り、好みで素揚げにしたごぼうに、塩、こしょうをふって添えてもよい。

せりのからしあえ

せりのほろ苦さと、からしじょうゆの組み合わせが絶妙です。

材料（つくりやすい分量）

せり…適宜

からしじょうゆ

　溶きがらし…大さじ1

　煮きり酒…大さじ1

　砂糖…小さじ1

　しょうゆ…大さじ2

せりは熱湯でサッと湯引きにし、冷水にさらして水けを絞る。3～4㎝長さに切り、さらに水けを絞り、からしじょうゆであえる。

第二章

夏

～暮らしと体を守る知恵～

食は呼吸と等しく、生命の仕組みに組み込まれているとまえがきに書きました。

すべての生命の進化は、環境という条件と、時間という場の想像を絶する関わりによって、今日の形を備えるに至りました。

その故に、風土（環境）は親を超えた親であり、時間は居る在るを超絶した住まいでありましょう。

まじめな「それなら、どのように食まわりを調えるのですか？」との問いに、

「風土に即して召し上がれ」と答えております。

なぜなら気象の運行と人間の生理は足並みが揃《そろ》っているからです。

旬の食物は風土のいとし子。
人も風土のいとし子。
手を携えれば生きてゆきやすい。
道理の中の道理です。

その一例…六月に収穫する大麦は、酷暑の夏をビタミンB_1で助けます。米飯に混ぜる、麦湯を飲む。

わたしは五月の新たまねぎ、盛夏のなすと合わせ、実だくさんスープにします。

たまねぎはピラミッド造営に大役を果たしたし、なすに無駄花がつかぬのもわけがあります。よき事とよき事を一つにしようと、大麦で決めました。

虎の巻は、異国の先祖様も含めた体験統計です。

日本の夏は三十度を超える日は少なく、エアコンが不要でした。現今、気圧も南太平洋型になりました。食の分野は、この変化に先手が打てるでしょうか。

梅仕事チャート

梅雨入り前の青梅で、梅肉エキスをつくることから、「梅仕事」は始まります。「仕事」と呼ぶ理由は、物事に一連性があるからです。五月下旬から六月中旬にかけて、梅はまったく顔つきが違うものに変化していきます。その顔つきに応じ、身構えることなく、自然体で、それぞれに見合ったものに仕上げていくのです。仕事は「ことにつかえる」と書きます。梅と向き合っていますと、言葉は実体から生まれてくることを実感します。

5月下旬

6月上旬

6月中旬

梅雨の雨を浴びていない堅い青梅で、梅肉エキス

青梅で、梅ジュース、梅酒

熟する前の青梅で、煮梅

熟した梅で、梅干しの下漬け

熟した梅で、梅ジャム

地面に落ちた梅を、ふきんと煮て、梅ぶきん

梅干しの下漬けで白梅酢が上がる

6月下旬

赤じその下ごしらえ
下漬けした梅に、赤じそを入れて本漬け

7月20日ごろ

土用干し
本漬けに入れた赤じそも干して、ゆかり
3日3晩の土用干し後に、容器に入れて保存

9月上旬

葉つき新しょうが(谷中しょうが)が出盛りの時期に、
本漬けでできた赤梅酢で、紅しょうが

土用干しから2〜3か月後

梅干しの味がなじんでくるが、本格的になれる1年後まで待つ

1年後

梅干しの塩がなれて食べられる(さらに2〜3年おいてもよい)

梅肉エキス

生命を、夏の暑さと
湿度から守るために、
入梅前にする仕事。

①

②

③

④

⑤

⑥

① 青梅をすりおろす。
② すりおろした状態。
③ ふきんで絞る。
④ 弱火で煮る。
⑤ 煮詰まってくる。
⑥ 完成間近。

梅肉エキス

食あたり、下痢、発熱、夏バテ、疲労……。梅雨から夏にかけて悩まされる症状を迎え撃つには、梅肉エキスが最も身近で心強い味方でしょう。1日に耳かき1杯なめて、体調を整えたいものです。

梅肉エキスは、戦時中から母がつくっていました。東京の神田で生まれ、芝で育った母は、戦時中の食料難で、初めて畑仕事を覚えました。同時に医者や薬に頼らず、わが身をみずから守らねばとかかりました。

思いは今でも同じです。失敗しない条件は梅雨入り前のまだ堅い青梅でつくることです。すりおろしたときに、ショリショリと心地よい音がすればよし。黒い光沢のあるエキスにするには、煮詰め具合に神経を集中してください。

青梅をすりおろす際は、セラミックのおろし器が理想です。器具の目が細かく、酸や塩に反応せず、効率よく使用できます。

これは硬質のチーズにも効果的です。パルミジャーノ・レッジャーノのような上等なチーズを、金属のおろし金でおろしていいのですか?とイタリア人に尋ねたくなります。

このような道具を持ちながら、そのすばらしさが理解できないとは、日本人は分析力の足りない民族だとつくづく残念に思います。もっと身近な道具のよさを再発見すべきでしょう。

材料
青梅…4kg

道具
セラミックのおろし器、ホウロウの鍋、木べら

1 梅は洗って水けをよくふく。セラミックのおろし器でショリショリ

すりおろす（41ページ写真①、②）。

2 清潔なふきんで**1**のすりおろした梅を包む。ホウロウの鍋を下におき、ふきんを堅く絞り、汁を受ける（41ページ写真③）。

メモ 絞りかすは、梅ぶきんに使用するとよい（44ページ参照）。

3 ホウロウの鍋を弱火にかけ、煮立たないように注意しながら、3時間くらいかけて煮詰めていく（41ページ写真④、⑤）。

メモ 煮詰まってきたら、乾かすくらいのつもりで、絶えず鍋底と鍋肌を木べらで混ぜ、焦げつかないように注意する。

4 木べらで鍋底に線が引けるくらい煮詰まれば、最終段階（41ページ写真⑥）。透明感が差してきて、つやが出たら、火を止める。

5 すぐに、煮沸消毒して乾かした瓶に流し入れ、ふたをせずにそのまま冷ます。

メモ 鍋に入れたままでは余熱で煮詰まり、固まりすぎになるので手早く移すこと。

6 完全に冷めたら、ふたをして涼しい場所で保存する。3年間はもつ。

梅ぶきん
煮梅

青梅が熟する前に行う、
梅仕事2種。

梅ぶきん

① 梅肉エキスで絞った残り。
② 鍋に入れて火にかける。
③ ふきんを投じて十分に煮る。
④ 取り出して水ですすぐ。

①

③

②

④

煮梅

塩水に3日間浸し、流水で1日さらす。

梅ぶきん

本来は落ち梅でつくりますが、ここでは梅肉エキスの残りを利用します。梅肉エキスは42ページのように、すりおろした青梅を絞ってつくります。その残りかすと種を、ふきんとともに煮出してください。梅ぶきんは、木製の食器、盆、家具などをふくと、つやよくなります。

1 ホウロウの鍋に、梅肉エキスで青梅を絞った残りかす（44ページ写真①）、青梅の種と、たっぷりの水を入れて火にかける（44ページ写真②）。ふきんを数枚入れ、30〜40分間煮出す（44ページ写真③）。

2 ふきんを水にとり（44ページ写真④）、すすぎ、絞って乾かす。

煮梅

昔からの煮梅のつくり方は、慎重に慎重を期しても皮が破け、大変でした。

きっかけは、イタリア・シチリア島の果物の砂糖煮です。煮る前に、塩漬けをする方法からヒントを得て、応用してみました。結果、皮が破れることは少なく、食感、味どちらも改善されました。

自国の方法で行き詰まったときは、異国の基本的なテクニックで一度洗うと、解決する手だてになるよい例です。

くれぐれも、表面的なテクニックではなく、本質を見据えて文化交換してください。

材料（つくりやすい分量）

青梅（中くらいのもの）…1kg

塩水

　塩…カップ1/2

　水…カップ5

みつ

　白ざらめ…800g〜1kg

　水…カップ5〜6

焼酎（35度。消毒用）…適宜

---

1 分量の塩水を煮立て、ホウロウなど金属以外の容器で冷ます。

2 梅は流水の下でていねいに洗い、ヘタを除いて水けをきる。竹ぐしの先端が梅の種に当たるまで刺す。梅1コにつき、7〜8か所の穴をあける。

メモ　種に当たるまで薬指を軸にし、力を加減して刺すとよい。

3　竹ぐしを刺した梅は、**1**の塩水に入れ、落としぶたをして3日間つける。

4　水道の蛇口に布を巻きつけて輪ゴムでしばる。**3**の容器を蛇口の下におき、布の先を梅の底のほうまで渡し、水をごく細く流して1日さらす（45ページ下写真）。

メモ　布を通して水を流すと、水が梅に直接当たらないので、皮が破れない。また、全体に効率よく水が回り、塩分やアクがぬけやすい。

5　梅の水けをきってホウロウの鍋に入れ、たっぷりの水を加えて弱火にかける。梅から小さな気泡が出て、中まで柔らかくなったら火から下ろす。

6　再び**4**の要領で流水にさらして冷やす。1コ食べてみて、心地よい酸味と苦みをとどめるようになるまでさらす。

7　みつの材料をホウロウの鍋に入れて中火にかけ、煮溶かして冷ます。梅の水けをきり、手でそっと移す。紙ぶたをし、弱火で静かに20分間煮て、そのまま冷ます。

8　煮沸消毒した保存瓶に梅だけを移す。みつを2/3量になるまで弱火で煮詰め、よく冷ましてから梅が隠れるまで注ぐ。

9　瓶のふた、口元を焼酎でふき、冷蔵庫で保存する。

メモ　4〜5日で味がなじむ。

梅干し

物事の後先を知るうえで、保存食づくりは最適です。準備をあらかじめ整え、段取りを考え、保存食をつくる。そして、つくったもので後々の生活がまかなえるなら、生きていく自信につながります。

梅干しをつくることは、実用面もさることながら、精神面でも大きな意味があります。毎年、親が漬けていた梅干しを受け継いで、つくっていく、その態度が大切です。毎年、同じことを繰り返す。生きていくことは、やりこむことなのです。

今年の仕事を昨年のそれと比較して、自分の進歩の度合いをはかっていく。今年、自分の中に残った手ごたえがきっとあるはずです。これこそ自信になるのです。

完成した梅干しは、保存する場所が問題です。じゃまだからといって、台所の隅に押しやっていませんか。かびが生えないようにするなら、風通しのよい場所におくことです。

右の写真は、母・辰巳浜子が昭和三十一年（申年）に漬けた梅干しです。申年は上質の梅ができるといわれています。おき場所がよいためでしょうか、まだこのように保存されています。

梅干し

材料

梅…4kg

塩（梅の重量の15％）…600g

赤じそ（柔らかい葉先だけ。梅の重量の10％）…400g

塩（赤じその重量の10％）…40g

焼酎（35度。消毒用）…適宜

●下漬け

1 梅のなり口の黒いヘタを、竹ぐしで取り除く。ボウルに入れて水をはり、流水の下で両手に梅を2〜3コずつ持ち、指の腹で軽くこするようにしながら洗う。

2 たっぷりの水に一晩浸してアクをぬき、ざるに上げて乾かす。梅の表面が茶色に変色するものもあるが、これは水分を含んだため。ただし、傷のある梅は取り除く。

3 ボウルに焼酎を入れ、その中で梅を転がし洗いする。かめの底に塩を軽く一握りほどふる。残りの塩の中で梅を軽く握るように塩をまぶし、かめの中に入れる。

4 梅を全部入れたら、残りの塩を上にふる。

5 押しぶたをしておもしをのせ、焼酎をしみ込ませた清潔なふきんでかめの縁、外側など、雑菌がつかないようていねいにふく。

6 ほこりや雑菌が入らないようにビニール袋（できれば通気性がある野菜保存用）をかぶせ、ゴムひもを輪にしてかける。光が入らないように紙で覆い、もう一度ゴムひもをかける。風通しのよい日の当たらない涼しい場所におく。おく場所はあらかじめ、これ以上ないくらい清潔にしておくこと。

7 4〜5日後、白梅酢が押しぶたの上まで上がってきたら、おもしを半分の重さにし、**6**と同様に上を覆

●道具

漬ける容器

塩や酸に強い陶製のかめ、またはホウロウ製の漬物容器が適しているが、最近はこの条件にかなうポリエチレン製の容器も出ている。

押しぶた

木製品は、かびが発生しやすいので絶対に使用しない。手軽なところでは堅い磁器の皿がよい。酸や塩に強い、この条件にかなうポリエチレン製のものでも。

おもし

強くかけすぎると梅がつぶれたり、赤梅酢の色が吸収しにくくなるので、漬ける梅の重量とほぼ同じ重さのものと、その半分の重さのものを2コ用意する。陶製、ポリエチレン製のものを。

●道具の消毒

1 沸騰させた湯をかめの縁から中へ順にたっぷりと回しかけ、かめを傾けて回転させて湯を全体に行き渡らせ、湯を捨てる。

い、赤じそが出回るまで漬けておく。

メモ　白梅干しをつくるなら、このまま漬けて土用干しする。毎日観察して変化を確かめること。

● 赤じその下ごしらえ

8　赤じそは、枝先の芽に近い柔らかい葉だけを摘む。1本の茎から数本に枝分かれしているので、それぞれ先端に近い部分を摘むとよい。

9　摘んだ赤じそを洗って水けをきり、塩をふってもむ。しんなりとしてきたら、きつく絞ってアクを捨てる。黒ずんだ紫色の汁が出る場合は水で洗って絞り、再び塩を同量より少なめにふってもむ。

● 本漬け

10　下漬けした梅の容器から、白梅酢を梅がヒタヒタにつかるくらい残して取り、別の容器に入れて保存する。

11　**9**の赤じそをほぐし、梅の上に一面に広げてのせる。手でギュッと押し、押しぶたの縁まで赤梅酢を上げる。梅の重さの半分のおもしをのせ、常に赤梅酢につかっている状態にして、下漬けの**6**と同様に上を覆い、土用干しまで涼しい場所におく。

● 土用干し

12　まず、赤じそをよく絞ってざるに広げ、次に梅の汁けをきって重ならないように並べる。1日ごとに天地を返してまんべんなく日光に当て、夜は夜露に当てて3日3晩干す。赤じそは、好みだが、1日干して半乾きの状態で保存する。赤梅酢は煮沸消毒したふきんでこし、保存瓶に入れる。

● 保存

ふたつきのガラス瓶や、かめなどに入れて保存する。容器の中の外側から内側に向けて梅をぐるりと並べ、2段目からは梅と梅の間に重ねて石垣を積むように並べていくと、梅の形がくずれにくい。上を赤じそで覆い、ふたをきっちり閉めて涼しい場所で保存する。

2　日のさす方向にかめを向け、底まで日が当たるように傾けて半日干して日光消毒し、焼酎をしみ込ませたふきんでかめの内、外をふいて消毒する。

3　押しぶたとおもしは鍋に水を入れ、ふつふつと沸く程度の火にかけ、約20分間煮沸消毒する。粗熱を取り、水けをきって半日ほど日光に干し、焼酎をしみ込ませたふきんでふく。

● 漬ける前に　材料の選び方

梅

粒がそろっていて、ほんのりと黄色く熟しはじめた梅がよい。堅い青梅は、1〜2日間おいて熟してから使うとよい。傷のある梅はかびの原因になるので除く。

塩

できれば、にがりを含んだ天然塩を使いたい。味にうまみとまろやかさが出る。または粗塩でもよい。

赤じそ

色がよく出て柔らかな、ちりめんじそが最高。葉全体が縮れているのでこう呼ばれている。根つきで葉がピンとしたもの、全体が濃い赤紫色で色むらのないものを選ぶ。

梅干し利用法チャート

でき上がった梅干しは、食生活全般に取り入れたいものです。すなわち保存と、塩にないさわやかな酸味と塩分を食材に取り込むこと。その一例です。夏場のおむすびは、梅酢を手水にして結ぶことをすすめます。中に梅干しを入れるよりも、外側から梅酢で守ってあげるほうが、防腐になると思います。

①原形で用いる

- ご飯を炊く
- 魚を煮る（54ページ「いわしの酢煮」参照）
- 野菜を煮る

②果肉（裏ごしする）

- おむすびをつくる際に、手にぬる。
- 梅びしおにする（58ページ参照。のり巻きの芯にもよい）
- 歯磨き

③種

- 煎じ汁（55ページ「玄米スープ」参照）
- だしの保存
- でんぶ（かつお）

ご飯を炊く
夏は新米の前で最も米の力が衰え、暑さでご飯が傷みやすい季節。ご飯を炊くときに梅干しを入れると、底味と腐敗防止になる。

魚を煮る
青背の魚の保存食をつくる場合、魚の生臭みを解消し、くどくなく味にしまりが生じる。保存性は高まる。

野菜を煮る
ごぼうは長めに切り、米ぬかを入れた水でゆでる。斜め薄切りにし、水、昆布、酒、梅干しを入れた鍋で煮る。これで色美しく日もちがする。

● 野菜を煮る（にんじん、さやいんげんなど。特に煮しめのときのにんじん）

④ 梅酢

【赤梅酢】着色のため

● 葉つき新しょうがを漬ける（58ページ参照）

● 即席しば漬け（59ページ参照）

● 紅しょうが

【白梅酢】防腐、消毒のため

● おむすびをつくる際に、手にぬる

● 物相《もっそう》（木の型）の内側にぬる

● 魚介類の殺菌（魚やたこを洗う）

● 器物をぬぐう（弁当箱の内側をふく）

● 手袋を浸しておむすびを結ぶ

⑤ 赤じそ

● ゆかり

物相に白梅酢を、手に梅肉をぬる

① 梅肉を手にぬる。特に小指の下のたなごころによくぬり、ご飯を握る。

② 物相のご飯に触れる部分に白梅酢をぬり、握ったご飯を詰め、平らにならして押す。

③ 型を抜く。

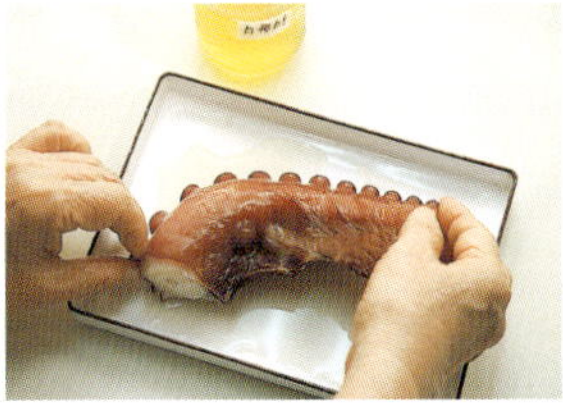

魚介類の殺菌

いわし、たこは、白梅酢で軽く洗って殺菌する。普通の酢より味もしっかりとつく。魚の干物も梅酢で洗ってから焼くとよい。

器物をぬぐう

白梅酢で湿らせた布で、弁当箱の内側をふく。夏の弁当の腐敗防止に役立つ。

作業用手袋を浸しておむすびを結ぶ

災害時の食事支給で、おむすびをつくるとき、白梅酢に手袋を浸して絞り、次々に握れば、衛生、効率ともによいと思う。

赤梅酢　赤じそを加えて本漬けをすると、白梅酢が赤く染まる。これが赤梅酢。

白梅酢　梅を塩で下漬けしたときに上がってくる汁。清潔な瓶に入れて密封し、冷蔵庫で保存ができる。

梅干しを使った料理

いわしの酢煮

骨まで柔らかくなるのは、梅干しと酢の効果です。
たくさんのいわしでつくることに、たじろぐ必要はありません。小分けにして煮汁とともに冷蔵庫に入れておけば、数日間はその味わいを楽しめます。

材料（つくりやすい分量）
いわし…30匹
塩…適宜
梅干し…5コ
赤とうがらし…5本
しょうが（薄切り）…適宜
煮汁
酒…カップ$1\frac{1}{2}$
酢…カップ$1\frac{1}{2}$
しょうゆ…カップ1
水…適宜
砂糖…大さじ1弱

1 いわしは頭を切り落とし、腹ワタを除き、立て塩（10％の塩水）で洗う。ざるに上げ、水けをよくふく。

2 大きめの四角い鍋に竹の皮を敷き、いわしを竹の繊維に対し垂直におき、頭と尾が交互になるようにすき間なく詰める。梅干し、赤とうがらし、しょうがを散らす。

メモ 竹の皮は、鍋底に当たる部分に、繊維に沿って4本切り目を入れておくと、煮汁がいわしに行き届きやすくなる。

3 煮汁の酒を入れて火にかけ、酢カップ1、しょうゆ、水をいわしの1cm上まで注ぎ、砂糖を入れてオーブン用の紙を紙ぶたにする。煮立ったら火を弱め、コトコトと煮汁が半分になるまで煮る。仕上げに酢カップ$\frac{1}{2}$を入れて炊き上げる。

玄米スープ

いった玄米の香ばしさ、昆布のうまみ、梅干しの塩けと酸味。3つの味わいが一体になった最高の精進スープ。梅干しだからこそ、塩と酢では及ばない底味が生まれてくるのです。

材料（つくりやすい分量）
玄米（無農薬、有機栽培）…80g
昆布（5㎝角）…2〜3枚
梅干し…1コ（種の場合は、3コ）
水…カップ5

1 玄米は水で洗い、ざるに上げて6時間おく。

2 厚手で油けのない平鍋を中火で熱し、最強が10として3〜4の火に弱め、玄米を入れて混ぜながら、いる。ピチッと米の花が咲く音がし、香ばしくなり、小麦色になったら火から下ろす。

3 ホウロウの鍋に、**2**の玄米、昆布、梅干し、水を入れ、ふたをして中火にかける。煮立ったら、ふたを少しずらし、ふつふつするくらいの弱火にし、30分間ほど炊く。

4 すぐに**3**をこし、温めたポットに入れる。

いわしの酢煮

玄米スープ

梅びしお

葉つき新しょうがの赤梅酢漬け

即席しば漬け

梅びしお

おかゆに梅干し、という組み合わせは常ですが、その強い酸味ゆえ、相性はちょっと距離があります。やさしい味わいの梅びしおこそ、おかゆに最適でしょう。

材料
梅干し…適宜
みりん・酒・グラニュー糖…各適宜

1 梅干しはホウロウの鍋に入れ、水に浸して一晩おき、塩出しする。種を除き、裏ごしする。

メモ 梅は金けに反応するので、裏ごし器は金属製ではなく馬毛が望ましい。

2 ホウロウの鍋に梅干し、調味料を入れて火にかけ、味をなじませる。

葉つき新しょうがの赤梅酢漬け

夏のバーベキューの際、つけ合わせに最適です。

材料
葉つき新しょうが…適宜
赤梅酢…適宜

1 葉つき新しょうがは汚れを取り、大きいものは縦に切り目を数か所入れる。

2 赤梅酢に浸し、1日間おく。

メモ 使用した赤梅酢は即席しば漬けの下漬けに再利用する。

即席しば漬け

きれいに赤く染めるには、下漬けと本漬けをしてください。

材料
なす2に対し、きゅうり1
みょうが・ししとうがらし・しょうが
…各適宜
赤梅酢…適宜
赤じその梅漬け…適宜

---

1 なすはヘタを落とし、縦の縞状に皮をむき、7㎜厚さの輪切りにする。きゅうり、みょうが、ししとうがらしは小口切り、しょうがはせん切りにする。

2 下漬け。ホウロウの容器で**1**を混ぜ、赤梅酢を注ぐ。軽いおもしをのせ、赤梅酢から野菜が出ない状態で半日おく。

3 本漬け。**2**の赤梅酢を流し、新たに赤梅酢を注いで赤じそを加え、同様におもしをのせ、1日おく。

薬味、つま、けん、吸い口

香辛料とお茶。この二つの種類と使い方の違いは、各民族の食文化の違いに直結します。

まずは香辛料としての薬味、つま、けん。季節の表現、食べ合わせ、毒消しとして日本の風土で培われてきたたまものです。

そして吸い口。栄養学的には無意味かもしれません。しかし椀を前にしたときに、一瞬にして生きる喜びを感じさせてくれる大切な役割を持っています。

ハーブ、ハーブと現代人は言いますが、昔から日本人はハーブを年間楽しんでいたことを忘れないでください。

さんしょうと柚子《ゆず》は、日本の香りの双璧です。

さんしょうは、季節の移ろいに伴って、木の芽、花ざんしょう、

四季の吸い口（例）

春

梅の花
ふきのとう
木の芽
みつば
花ざんしょう

夏

柚子の花
露しょうが
たで
青じそ
青柚子

秋

穂じそ
みょうが
菊の花

青い実ざんしょう、割りざんしょう、粉ざんしょう。柚子は、花柚子、青柚子、黄柚子と変化しながら、吸い口として季節を表していきます。

例えば海外で、こしょうの花やレモンの花をスープに浮かべ、季節を味わうという話は聞いたことがありません。食における日本の感性がすぐれているよい例です。

冬

黄柚子

ささがきごぼう

わさび

からし

薬味

香りと味わいで食欲を増進する香味野菜や香辛料。おろしたしょうが・わさび・大根・にんにくなど。

けん

刺身の下に敷いたり、後ろ側に添える野菜。大根・きゅうり・うどのせん切りなど。

つま

刺身、汁物の、主になる素材の香りや見た目を助けるもの。汁物のときは椀づまと呼ぶ。芽じそ、防風、たで、みょうがなど。

吸い口

汁物に香りを添えるもの。

お茶について

「料理の始まりは、まず、お茶を淹《い》れることから」

これは確固とした持論です。偶然ですが、フランスの三ツ星レストランの料理長だったジョエル・ロブション氏もまったく同じ考えを持っていました。

お茶は料理の始まりにお出しする大切なものですから、今後、子どものころからお茶を淹れさせ、体で覚えさせるべきです。１人に淹れるお茶、大勢に淹れるお茶、その淹れ方の違いも含めて勉強させてください。さらには、お茶に対応した菓子の選別まで到達すれば言うことはないでしょう

日本のお茶を海外に食文化として紹介するには、その程度の教育は必要です。

●お茶の種類

お茶は大別して次の4種類に分けます。せん茶と番茶にはそれぞれ、上中下の3ランクがあると考えてください。

1 抹茶
2 玉露
3 せん茶（上中下）
4 番茶（上中下）

お湯の温度

ランクにより、お湯の温度が変わります。

抹茶は熱湯を注ぎます。

玉露、せん茶、番茶は、上級のお茶になるにしたがって温度を下げるようにしてください。

煮立った熱湯を玉露などに注ぐと、上品とはいえぬ必要でない成分まで一気に抽出されてしまうのです。ただし、急須や茶碗は、熱湯であらかじめ温めておきます。

ランクの低いお茶は、熱いお湯、特に、枝番茶は煮立てて成分を引き出します。

お茶を料理に活用

枝番茶の煮出し液は、くせや苦みがないうえ、魚の生臭みを解消する効果があります。

34ページの「身欠きにしんと昆布の煮合わせ」、114ページの「塩ざけのアラの昆布巻き」でも、枝番茶の煮出し液を活用していますので、参考にしてください。

このほか、あゆを煮るときにも有効です。

お茶を生活の中で生かす方法

1 防臭

昔は、お茶の出しガラを焼き、家の中のいやなにおいを消していました。口臭予防にも。

2 油脂の除去

食器についた油脂を、お茶の出しガラでふいて解消します。

3 ほこりの除去

電気掃除機のない時代は、干したお茶の出しガラを畳にまいてほこりを付着させ、ほうきで掃いたものです。西洋では紅茶をまき、ほこりが舞い上がらないようにすると聞きました。

夏の献立
その一

いさきのオイル焼き
しそご飯
とうがんのおつゆ
漬物（奈良漬・キャベツときゅうりの浅漬け）

ここでは、夏の献立の考え方を提案します。
・主菜は、和洋折衷。
・副菜は、野菜中心で和食。

すなわち、副菜は油脂を抜いて食べます。高温多湿の日本では、もっと油脂の摂取を減らすべきです。しかし、油脂のうまみは、他の何かで補わねば、もの足らなくなります。すると「だし」が必須条件になってくるのです。また、汗をかく季節は、水と塩分を補うためにも、だしに頼って夏を越すべきです。

「夏こそ、だしを」が提案の趣旨です。

油脂を使わない料理を、欧米人に知ってほしい、さらには、現代の日本人にも風土に合った料理に気づいていただきたいのです。

「あるもの」に気づかせることが、今後の日本においては大切なことです。

だしがあれば、二杯酢、三杯酢をつくって、魚介や野菜を苦もなく酢の物やおひたしにすることができるのです。

いちばん簡単に生の野菜を食べるなら、ぬか漬けが最もよいでしょう。

いさきのオイル焼き

オリーブ油に香味野菜やハーブの香りを移し、いさきを焼くので香り豊かに仕上がります。たて酢のやさしい酸味が、いさきによく合います。

材料（4人分）

いさき（腹ワタを除いたもの）…1匹
塩・こしょう・小麦粉…各適宜
セロリの細い茎・パセリの軸…各適宜

香油
- オリーブ油…多め
- にんにく（薄切り）…2かけ分
- ローリエ…1枚
- ローズマリー…2枝
- タイム…1〜2枝
- セロリの細い茎・パセリの軸…各1〜2本
- セロリの葉…適宜

黒オリーブ・ケイパー…各適宜
白ワイン…大さじ3〜4
パセリ（みじん切り）…適宜
わかめ（乾。水で戻す）・トマト…各適宜
きゅうりのピクルス（粗みじん切り）…適宜
レモン…適宜

たて酢
- たて（刻む）…大さじ山盛り1
- ご飯…小さじ1
- 塩…少々
- 酢…カップ$\frac{1}{2}$

1 香油をつくる。厚手の鍋に香油の材料を入れ、弱火にかける。オリーブ油に香りを移し、香味野菜やハーブは焦げる前に取り出す。

メモ　できた香油はムニエルに必要な量を残し、残りは耐熱容器に移す。他の料理に使うとよい。

2 いさきは両側に3本切り目を入れ、塩、こしょうをふり、小麦粉をまぶして余分な粉を落とす。

メモ　いさきのエラや腹の中にも、塩、こしょうをふり、タイムなどの香草を詰めると、さらによい。

3 香油の入った**1**の鍋で、いさきを中火で焼き、周囲にセロリの細い茎、パセリの軸を適宜おいておく。鍋を傾けて油をすくい、エラや身にかけながら焼く。裏返して同様に焼き、仕上げに黒オリーブ、ケイパーを加え、白ワインをふり入れてパセリを散らす。食べやすく切って器に盛る。

メモ　セロリやパセリは焦げそうになったら取り出す。香油が少なくなったら途中で足す。

4　わかめとトマトを食べやすく切り、いさきを焼いた鍋に入れていためる。パセリ、ケイパー、ピクルスを加え、火が通ったら器に盛り、くし形に切ったレモンを添える。

5　たで酢をつくる。ご飯粒は塩を混ぜて包丁でたたき、すり鉢に入れてする。たでを加えてすり、酢を少しずつ加えながらすりのばす。いさきに好みの量をかける。

メモ　たでの辛みをご飯粒が都合よくやわらげる。

しそご飯

青臭さを塩で解消し、すっきりとした味わいのご飯です。

材料
- ご飯…適宜
- 青じそ…適宜
- 塩…少々

青じそはみじん切りにし、塩をふる。きゅっと絞ってご飯に混ぜる。

とうがんのおつゆ

とうがんは腎気を養う効果があり、夏の暑い最中に、最適の汁物です。くずのとろみが、のどごしをよくしてくれます。

材料（つくりやすい分量）
- とうがん…$\frac{1}{4}$コ
- 干ししいたけ・枝豆…各適宜
- 一番だし…カップ4$\frac{1}{2}$
- くず溶き用一番だし…カップ$\frac{1}{2}$
- くず粉（なければ、かたくり粉）…大さじ2
- 梅干しの種…適宜
- 塩・うす口しょうゆ…各適宜
- みょうが（小口切り）…適宜

1　とうがんは3〜4㎝角に切って皮をむく。ワタは捨てずにとっておく。干ししいたけは水で戻し、軸を除いて薄切りにする。枝豆は塩ゆでして薄皮をむく。

2　鍋にとうがん、とうがんのワタ、干ししいたけを入れ、一番だしをヒタヒタに注ぎ、梅干しの種、塩少々を加え、柔らかくなるまで煮る。ワタを除き、残りの一番だしを注いで枝豆を加え、塩、うす口しょうゆで味を調える。

3　くず粉を一番だしで溶いて引く。椀に盛り、みょうがを添える。

夏の献立 その二

小豆のスパイシーライス
なすのカレー
梅酒ゼリー
漬物（らっきょう）
ハイビスカスティー

蒸し暑い日本の夏は、腎機能が低下しやすいと聞きます。このような季節を迎え撃つには、腎を養うと言われる小豆を食べ込んでおきたいものです。

古来、小豆は疲労回復に効果があるとされ、昔の人は毎月一日と十五日に赤いご飯を炊くと決めていました。風土に合わせた食べ方を先人が心得ていたのでしょう。

小豆は、日本の他の豆類と違って、さらりとした食感があるところが特長です。ゆで小豆にすれば、さまざまな料理に展開できます。しかし「あんこ」のせいか、甘味のイメージが強く残念です。

もっと小豆と砂糖を切り離して食卓にのせてほしいと願い、小豆のゆで方と料理数品を紹介します。

子どものころ、犬やねずみにかまれて発熱すると、熱が下がるから何がなんでも小豆を食べろ、と言われました。

おしるこ屋さんに飛び込んでも食べなさいとは、村井弦齋の書にも記されています。

小豆のスパイシーライス

インドでカレーと取り合わせるレンズ豆と、小豆との性質が似ているところからヒントを得て、インド風の小豆ご飯にしました。なすのカレーとの相性は抜群です。

材料（6〜7人分）

小豆…カップ$\frac{2}{3}$

（七分《ぶ》どおりゆでたもの。ゆで方は72ページ参照）

米…カップ3（600㎖）

オリーブ油…大さじ3

たまねぎ（みじん切り）…大さじ3

鶏のブイヨン…（米の分量の1.5割増し）カップ3$\frac{1}{2}$弱

塩…小さじ1$\frac{1}{2}$

ローリエ…1枚

シナモンスティック…$\frac{1}{2}$本

1 米は炊く30分前に洗い、ざるに上げる。

2 米を炊く鍋にオリーブ油の$\frac{1}{2}$量を熱し、たまねぎを透き通るまでいためる。残りのオリーブ油を足し、米を加えて弱めの中火で5〜7分間いためる。

3 温めた鶏のブイヨンを注ぎ、小豆、塩、ローリエ、シナモンスティックを加えて普通に炊いて蒸らす。

なすのカレー

旬のなすがたっぷりのカレー。キャベツや他の夏野菜を入れてもいいでしょう。

材料（6〜8人分）

なす…900g

（1人当たり150gが目安）

セロリ（5㎜厚さの小口切り）…200g

さやいんげん（塩ゆでして小口切り）…適宜

オクラ（板ずりし、塩ゆでして小口切り）…適宜

にんにく（みじん切り）…(大)1かけ

しょうが（みじん切り）…にんにくと同量

オリーブ油…カップ$\frac{1}{4}$〜$\frac{1}{3}$

たまねぎ（2㎜幅の縦薄切り）…1kg

ローリエ…2枚

塩…適宜

カレー粉（甘口）…小さじ2

カレー粉（辛口）…小さじ4

いり粉…大さじ山盛り3
（小麦粉をフライパンで軽くいる）
鶏のブイヨン（冷やす）
…カップ4～5
しょうゆ…大さじ2
ガラムマサラ…好みで
チャツネ…大さじ2
トマトケチャップ…大さじ2

1 鍋ににんにく、しょうが、オリーブ油を入れて弱火でいためる。香りが出てきたらたまねぎを加え、しんなりしたらローリエを加え、きつね色になるまでゆっくりいためる。

2 なすは縞状に皮をむき、1.5㎝幅の輪切りにする。塩少々をふって5～6分間おき、浮いてきたアクをサッと洗い、ふきんではさんで水けをふく。

3 **1**の鍋にカレー粉を入れ、軽く香りが出たらセロリを加えてふたをし、蒸らし煮にする。しんなりしたら**2**のなすを入れて静かに混ぜ、ふたをして3～4分間したら再び混ぜ、さやいんげん、オクラ、塩小さじ1を加え、さらに蒸らし煮にする。

4 全体にしんなりとしてきたら、いり粉をふり入れる。鶏のブイヨンを注いで大きく混ぜ、煮立ってきたらしょうゆを入れる。味をみて、塩が足りないようなら調える。

5 チャツネ、トマトケチャップを加え、15～20分間静かに煮込む。

梅酒ゼリー

初夏にこしらえた梅酒を、デザートにしてはいかがでしょう。

材料（つくりやすい分量）
梅酒＋水＋グラニュー糖…900㎖
板ゼラチン…15g
牛乳・砂糖…各適宜

1 梅酒、水、グラニュー糖は、好みの割合で混ぜる。

2 板ゼラチンは水に浸し、しとらせる。

3 鍋に**1**をカップ1入れて火にかけ、温まったら板ゼラチンの水けを絞って加え、溶かす。

4 **3**をボウルに入れ、氷水にあてて冷まし、**1**を適宜注いでなじませる。残りの**1**に戻し入れて全体を均一に混ぜ、バットに流し入れる。冷蔵庫で冷やし固める。

5 器に盛り、牛乳に砂糖を好みで溶かし、注ぐ。

小豆のゆで方

数回分を一度にゆでて冷凍にしておけば、小豆料理に展開できます。少量つくっても、そのものの本質が身につくことはありません。小豆は、渋きり仕事が重要ですので、ぜひ、多くの量を何回も扱ってみてください。「七分《ぶ》どおり」「九分どおり」「柔らかゆで」の3種類のゆで加減にして取り出します。ゆで加減は、下の表を参考に。

●ゆで加減の目安

三分どおり…なんとか、かむことができるくらいの堅さ。
五分どおり…歯に当たり、さっくりかめる。
七分どおり…かむと、一瞬の堅さのあとに柔らかい食感。
九分どおり…形は残しているが、歯に当たるとすぐくずれる。
柔らかゆで…形がややくずれかけの状態。

1 小豆カップ6（1.2kg）は、一晩水に浸す。水を捨て、厚手の鍋に小豆、たっぷりの水、竹の皮を一筋結んで入れ、火にかける①。

メモ　竹の皮を入れると、早くむらなく煮ることができる。

2 煮えがつき②、アクがたくさん出てきて、三分どおりゆでたら盆ざるに上げる。

3 渋きりをする。流水を手で受け、盆ざるの小豆にまんべんなく水をかけながら渋を洗い流す③。

メモ　この渋きり仕事をしておくと、口に入れたときのアクの抜け具合が全然違う。

4 再び小豆を鍋に入れ、水を小豆の容積の2.5倍量注ぎ、中火にかける。煮立ったら小豆が躍らない程度の弱火にし、アクを取る。五分どおりゆでたらびっくり水カップ1を注ぐ④。

74ページからの使用目的に合わせ、「七分どおり」「九分どおり」「柔らかゆで」の状態でそれぞれ取り出す。すぐ使わない分は、1回の使用分ずつ汁ごとポリ袋に入れて冷凍保存しておく。

①

②

③

④

小豆がゆ

疲労回復のため、毎週日曜の朝は、小豆がゆの日にしてほしいほど。58ページの梅びしおが、おかゆによく合います。ぜひ、梅びしおを常備してください。

材料

米…カップ$\frac{1}{2}$（100mℓ）

小豆…カップ$\frac{1}{2}$

（七分《ぶ》どおりゆでたもの）

小豆のゆで汁＋水…カップ$2\frac{1}{2}$

塩…少々

1 米は洗い、分量のゆで汁と水に30分間ほど浸す。

2 厚手の鍋に**1**を入れ、小豆を加えて炊く。仕上げに塩を加えて味を調える。

小豆ご飯

毎月一日と十五日に炊きたい小豆ご飯。冷凍したゆで小豆とゆで汁があれば、ごく簡単にできます。炊飯器で炊くので、小豆がゆ同様、小豆はやや堅めにゆでた「七分どおり」です。

材料（6～7人分）
米…カップ3（600㎖）
小豆…カップ$\frac{2}{3}$
（七分どおりゆでたもの）
小豆のゆで汁＋水…（米の1割増し）
カップ3$\frac{1}{3}$弱
塩…小さじ1$\frac{1}{2}$

1 米は炊く30分前に洗い、ざるに上げる。
2 炊飯器に**1**を入れ、小豆、分量のゆで汁と水、塩を加えて普通に炊く。

小豆のサラダ

さらりとした食感を生かし、サラダにしました。完全に柔らかくゆでると、混ぜている最中につぶれてしまうので、「九分《ぶ》どおり」のゆで小豆で。

材料（4人分）
小豆…カップ2
（九分どおりゆでたもの）
ドレッシング
　オリーブ油…大さじ3
　酢…大さじ$1\frac{1}{2}$
　たまねぎ(みじん切り)…大さじ3
　塩…小さじ$\frac{2}{3}$
ピクルス（きゅうり・セロリ）
　…合わせてカップ$\frac{1}{2}$
ハム(5㎜厚さの薄切り)…50〜70g
サラダ菜・ルッコラ…各適宜
ケイパー・穂じそ…各適宜

1　小豆は、72ページの通りにゆで、ざるに上げてゆで汁をきる。温かいうちにドレッシングであえ、味をしみ込ませる。
2　ピクルスとハムは小さめに食べやすく切る。**1**がやや冷めてきたら、加えてサックリと混ぜる。
3　器にサラダ菜とルッコラを敷き、**2**を盛ってケイパーと穂じそを散らす。

小豆、さつまいも、スーパーミールのいとこ煮

小豆とさつまいもの煮物を「いとこ煮」と言いますが、これはその現代版。スーパーミールが、おかゆ状になるので、小豆も「柔らかゆで」を使います。

材料（1人分）
小豆…大さじ3
（柔らかくゆでたもの）
さつまいも…1/2本
（蒸かしておいたもの）
スーパーミール…大さじ山盛り3〜4
（なければオートミールでよい）
小豆のゆで汁…カップ1 1/2
塩…適宜

1 さつまいもは皮をむいて5㎜角に切る。
2 鍋に小豆のゆで汁、さつまいもを入れて中火にかける。スーパーミールを加えて混ぜる。小豆も入れて塩で味を調え、とろみがつくまで煮る。

スーパーミール
燕麦（オートミール）、ひきぐるみ、そば粉、小豆粉、玄米胚芽、ごま、小麦胚芽、きな粉などを混ぜた加工食品。
【問い合わせ先】茂仁香（モニカ）
TEL 0467-24-4088
FAX 0467-24-4388

小豆とかぼちゃのグラタン

小豆とかぼちゃは、さつまいもと同様に煮物にすれば「いとこ煮」になるほど相性よし。小豆とオートミールをホワイトソースの代わりにして、蒸したかぼちゃに合わせました。いとこ煮の洋風アレンジ版です。

材料（4人分）

小豆…カップ$1\frac{1}{2}$

（柔らかくゆでたもの）

かぼちゃ…$\frac{1}{8}$～$\frac{1}{4}$コ

オリーブ油…大さじ2

たまねぎ（みじん切り）…カップ$\frac{1}{2}$

ローリエ…1枚

鶏のブイヨン…カップ$2\frac{1}{2}$～3

塩…一つまみ

オートミール…カップ1

バター…適宜

パルメザンチーズ…カップ$\frac{1}{4}$

1　かぼちゃは皮をところどころむき、3㎝幅のくし形に切る。蒸気の立った蒸し器で8分間、柔らかくなるまで蒸し、7㎜～1㎝幅に切る。

2　鍋にオリーブ油を熱し、たまねぎとローリエをいためる。たまねぎが透き通ったら鶏のブイヨンを注ぎ、約5分間弱火で煮る。塩をふり、オートミール、小豆の順に加え、とろみがつくまで煮る。

3　グラタン皿にバターを薄くぬり、かぼちゃの半量を並べて**2**を入れ、残りのかぼちゃを並べる。

4　パルメザンチーズをふりかけ、バター大さじ2をちぎってのせ、200℃に熱したオーブンの上段で表面に香ばしい焼き色がつくまで焼く。

第三章 秋

～風土の恵みを豊かにいただく～

台風が去ったあとは、一年中で最も光と影の美しい旬日になるのをご存じですか。

透明にきらめく光は、陽気な影を伴い、もみじの枝のさやぎの中を、風にのり、追いつ追われつ、笑いころげるように、とめどなく踊り続けます。

葉げいとうは彩りを深め、友禅菊の紫がそれを縁どっています。こんな風景に祭り囃子《ばやし》が流れるときもあります。「お赤飯つくろうかね。切りするめはあったかい。お煮しめの材料も揃《そろ》えてね」

温かく、もっちりしたお赤飯は重箱に。お煮しめは、しみじみたっぷり大皿に。これに焼き蒲鉾《かまぼこ》を添えたりもする。青菜の胡麻《ごま》よごしもちょっとほしい。切りするめは香ばしく炒《い》って甘辛仕上げ。するめの相方は黒光りするお多福豆。香の物は沢庵《たくあん》、塩なすび、紅生姜《しょうが》。

煮しめは大根、にんじん、ごぼうなど秋の土の恵みの集大成です。煮しめは不思議な料理で、これでお酒も飲めます。さらに、祝儀、不祝儀いずれの席に供しても違和感がありません。つくり方は、容易と思えば容易、難しいと思えば難しい。煮しめに練達すれば、他の日本料理はなんでもできます。できるはずです。お煮しめの味がわかる方は、餅《もち》の清らかさもわかる方です。

餅と煮しめを日本の食文化に位置づけしようと試みると、有史以前からこの列島で生き抜いた人々が見え、愛惜の念にかられます。そして、この質素な料理を食文化の魂に位置づけてあげたいとさえ思います。

風干し

牛肉のみりん干し

魚の風干し

たんぱく質と塩と風

魚の風干しには、十一月から十二月の中旬が、最も適しています。ヒヤッとした寒の風が吹き、魚もおいしくなってくるからです。

十月までの風では、まだぬくもりと湿度が感ぜられ、風干しには今ひとつ。一方、風はよくなるが、十二月も下旬になると、年末で魚が高くなり、さらに一月からは寒さで魚の収獲が減ってくるありさまです。

風と魚、双方がぴたりと調うこの時期に、待ち構えて風仕事に取りかかりましょう。

風と光は、魚のたんぱく質を変化させ、人の手を超えた味わいを生み出すのです。

現代人は自然と一つになる機会が少ないと思います。風干しは、風という自然現象を全身で感じ、その恵みを素直に感謝できる料理なのです。

たんぱく質の松竹梅

風干しをするなら、魚や肉には品格がそれぞれにあることを覚えておいてください。すなわち、松竹梅があるのです。食べたときの品のよさ。食後に感じる脂の質などから次のようにまとめてみました。

松

あまだい
うるめいわし（土佐の一本釣り）
さけの塩引き

竹

かます
いか
牛肉
たちうお

梅

さば　あじ
さんま

魚に応じた塩

魚に当てる塩加減は、最も重要です。塩の量は、魚の脂の強さ、味の上品さ加減など、持ち味で決まります。薄塩、中塩、中塩の強が塩加減の三段階です。なお、しめさばの多めの塩は豪塩といいます。塩を当てて冷蔵庫におく時間は、身が薄い魚は1時間、厚ければ2時間が目安です。

薄塩

脂が少なく、身が薄い魚
（きす、小あじ）

中塩

脂も身も中くらいの魚
（かます、さんま、中あじ、あまだい）

中塩の強

脂が多く、身が厚い魚
（さば）

魚に応じた風干し時間

身の厚さにより、干し時間は次のように異なります。ただし時間はあくまで目安です。風、光の強さ次第で時間は変わります。皮も身も張りが出て、身に透明感が見えればよい具合です。ご自分の感覚を信じ、五感を働かせてください。

小魚

約2時間

かます、さんま

2時間30分

さば、あまだい

3時間以上

秋の献立
その一

かます、いかの風干し
菊の花の甘酢あえ
麦ご飯
とろろ汁
針しょうが、ゆり根、
菊の葉の精進揚げ

魚の余分な水分を出す、臭みを除く、たんぱく質にうまみをもたらす……塩は、魚の風干しにおいて人が施せる唯一の調味です。

塩加減は、かます100gに対し、塩小さじ1弱。これが中塩です。ただし、あくまで目安です。身が薄ければ塩は減らし、厚ければ多くふったりと、何度も試行錯誤を繰り返し、塩加減をわがものとしてください。

塩を当てる大切な部分は目と口。魚は、その周辺から傷みはじめ、臭みが全体に回るので、中塩とは別に塩を当てます。にじみ出た水分は、必ずふき取りましょう。ただし、いかは塩を当てません。みずから持っている塩分でちょうどよいのです。

塩加減という人間の仕事が済めば、風と時間に任せればいいのです

母は「干物が焼ければ一人前」とよく言ったものです。水分が抜けているために、ふっくらと焼く加減が、生魚を焼くより難しいのです。

なお、干物によっては、頭や尾を切り落としたほうがよいものもあります。

かます、いかの風干し

かますは水っぽい魚です。生のまま塩焼きにするよりも、風干しにすることで本領を発揮する魚といってよいでしょう。いかの胴は焼き、足はから揚げにしてみました。それぞれの味わいを楽しんでください。

材料
かます…適宜
塩…中塩
（正味100gのかますに対し、塩小さじ1弱が目安）
レモン汁…少々
いか…適宜
こしょう…少々
小麦粉・揚げ油…各適宜
青柚子《ゆず》（輪切り）…少々

●かますの風干し

1 かますは頭をつけたままエラと背ビレを切り落として背開きにし、腹ワタを除いてきれいに洗う。ざるに並べ、尾を少し高くして水けをきる。

2 バットに並べて両面に塩をふり（写真①、②）、冷蔵庫で1〜2時間おく。かますからにじみ出る水分は、紙タオルでふく。

メモ 目と口の周辺には、別に塩を当てる。

3 尾に近い部分に金ぐしを刺し、頭のほうにレモン汁をふりかける。風通しがよく、日の当たる場所で、2時間30分干す。

メモ 風干しの前にレモン汁を頭にふりかけると、臭みが取れる。

4 頭と尾を切り落とし、片身に切り離して5〜6cm長さに切る。金ぐしを刺し、遠火の強火で皮側を焼き、裏返して身側も焼く。

●いかの風干し

1 いかはワタを胴から足ごと抜き、軟骨をはずす。水で洗って薄

①

②

皮をむく。足からワタを切り離し、切り開いて目と口を除く。

2 胴と足に金ぐしを刺し、約2時間干す。

3 胴は強火の遠火で焼き、5〜6cm長さに切って細く裂く。足は先端を切り落とし、こしょうをふって小麦粉を軽くまぶし、160℃の揚げ油で揚げる。

4 かます、いかを青柚子とともに器に盛り、菊の花の甘酢あえを添える。

菊の花の甘酢あえ

日本人は昔から、菊の花を食べて秋をめでていました。自分たちの食文化の美しさを、今一度気づいていただきたいものです。

材料

食用菊…適宜

塩・酢…各少々

甘酢（割合で表示）

酢…1

水…1

酒…1/2

砂糖…1/2

煮きりみりん…1/4〜1/3

塩…少々

1 鍋に甘酢の材料を入れ、約50℃まで温め、冷ましておく。

2 菊の花は、ガクからはずし、ざるに入れて水に浸す。自然に汚れが浮き出るまで、2回水を替える。

3 塩と酢を入れた熱湯に、**2**のざるごと浸して約1分間ゆでる。ざるを冷水にとって冷まし、水けを絞る。

4 甘酢に**3**を浸す。熱湯消毒した瓶に入れ、冷蔵庫で保存する。

麦ご飯

魚の風干しには麦とろがよく合います。麦ご飯の割合はお好みで。

材料
米7、大麦（押し麦）3（または6：4）の割合

1 米は研いでざるに上げておく。大麦は洗って10分間水に浸し、ざるに上げる。

2 米と大麦を合わせ、普通に水加減して炊く。

とろろ汁

すり鉢、すりこ木。凹凸の関係がすばらしい調理道具。世界でこれほど「する」料理が得意な民族は存在したでしょうか。日本人が今後も忘れてはならない「すり仕事」の一つが、とろろです。

材料（つくりやすい分量）
つくね芋…1～2コ
八方つゆ
・八方つゆのもと
　酒…カップ$\frac{1}{2}$
　みりん…カップ$\frac{1}{3}$
　しょうゆ…大さじ2
　塩…小さじ$\frac{1}{2}$
・だし（濃いめ）…カップ$2\frac{1}{4}$
卵黄…1コ分
ねぎ（小口切り）・わさび・焼きのり…各適宜

1 鍋に八方つゆのもとの材料を入れ、煮立たない約60℃まで温め、火から下ろして冷まし、だしで割り、八方つゆをつくる。

2 つくね芋は皮をむき、すり鉢にすりつけておろす（写真①）。さらに、すりこ木でよくすっておく。

メモ　最初は、手で持つ部分の芋の皮はむかないでおくと、すべらずにすりやすい。

3 卵黄を加え、八方つゆを少しずつ注ぎながら、よくすり混ぜる（写真②）。味をみて、ちょうどよい塩梅になるまで八方つゆを注ぐ。

4 器に麦ご飯をよそい、とろろ汁をかけ、ねぎ・わさび・焼きのりを添える。

①

②

針しょうが、ゆり根、菊の葉の精進揚げ

しょうがのせん切りを一晩浸すだけで、それはそれは上品な精進揚げになります。天ぷらは衣を食べる料理ではありませんので、できるだけ薄くつけてください。

材料
しょうが・ゆり根・菊の葉…各適宜
塩…少々
衣（冷凍庫で冷やした小麦粉3に対し、水2、塩一つまみ）
揚げ油…適宜

1 しょうがは皮をむき、せん切りにして一晩水に浸しておく。

2 ゆり根は1片ずつはがし、吸い物よりやや濃いめの塩水にしばらく浸し、汚れを自然に落として水けをふく。

3 しょうがは水けをふき、軽くつまんで衣をつけ、余分な衣をしごき取り、160℃の揚げ油で揚げる。ゆり根、菊の葉も衣をつけて同様に揚げる。

秋の献立
その二

あまだいの風干し
菊の花の梅肉あえ

●献立例
八つ頭の白みそ仕立てまたは、きのこ入りあんかけ豆腐か、精進揚げ

あまだいの風干し

あまだいの風干しはランクでいえば「松」。別格の味わいです。その上、頭がおいしいから落としません。大名ぶりに供するなら、皮目を香ばしく焼いて器におき、熱燗《あつかん》を一気にかけたいところ。身をいただき、魚の移り香のした酒を飲めば、至福というよりほかはないでしょう。

器は、第十代三輪休雪の作。不思議なことに、バカラのガラスがよく合います。

材料
あまだい…適宜
塩…中塩
（正味100gのあまだいに対し、塩小さじ1弱が目安）
レモン汁…少々

1 あまだいは88ページのかますと同様に下処理をする。頭は梨割りする。バットに並べて両面に塩をふり、冷蔵庫で2時間おく。水けは紙タオルでふく。

メモ　皮側はウロコを塩で逆なでするようにすり込む。

2 金ぐしを刺し、頭の表と裏にレモン汁をふりかける。風通しがよく、日の当たる場所で、3時間以上干す。

3 尾を切り落とし、頭と片身に切り離す。身は6cm長さに切る。頭と身に金ぐしを刺し（写真①）、遠火の強火で皮側を焼き、裏返して身側も焼く（写真②）。

①

②

菊の花の梅肉あえ

菊の花の甘酢あえをつくっておけば、梅肉あえ、くるみあえと展開ができる喜びがあります。

菊の花の甘酢あえ（89ページ参照）は、軽く甘酢を絞り、梅びしお（58ページ参照）であえる。

秋の献立
その三

さんま、さばの風干し
大根葉の素揚げ入り
大根おろし

●献立例
里芋と切り干し大根の煮物
けんちん汁
または、さつま汁

さんま、さばの風干し

最も大衆的な魚2種の風干しです。食材のランクでいえば「梅」ですが、つくり手の施し次第で「竹」や「松」にもなりうることを覚えてください。頭と尾を必ず落とす、食べやすい長さに切って焼く、大根おろしに工夫をする、などは一例です。

材料
さんま…適宜
塩…中塩
（正味100gのさんまに対し、塩小さじ1弱が目安）
さば…適宜
塩…中塩の強
（正味100gのさばに対し、塩小さじ1強が目安）
レモン汁…少々

1 さんまは88ページのかますと同様に下処理をする。さばは頭を落とし、三枚におろす。バットに並べて両面に塩をふり、冷蔵庫で1〜2時間おく。水けは紙タオルでふく。

2 金ぐしを刺し、さんまの頭にレモン汁をかける。風通しがよく、日の当たる場所で、さんまは2時間30分、さばは3時間以上干す。

3 さんまは頭と尾を、さばは尾を切り落とす。さんまは7〜8㎝長さに、さばは4㎝長さに切る。金ぐしを刺し、遠火の強火で皮側を焼き、裏返して身側も焼く。

4 あれば、青柚子《ゆず》を添える。

大根葉の素揚げ入り大根おろし

ごわごわで捨てがちな大根の外葉は素揚げに。この外葉の素揚げを大根おろしに混ぜると、油の効果で辛みがやわらぐのです。辛い先のほうの大根も使えて一石二鳥。

1 大根の外葉は食べやすい大きさに切り、水けをよくふいておく。160℃の揚げ油でカラリと素揚げにする。

2 大根をすりおろし、素揚げにした大根葉をくずして混ぜる。

3 器に盛り、素揚げにした大根葉を1枚のせる。

秋の献立 その四

牛肉のみりん干し
れんこんの南蛮づけ

●献立例
菊の花のくるみあえ
ごぼうのチップス
または、ごぼうを歯ごたえを残してゆでて、みそ漬けにしても

かつお節と生ハムは、干したたんぱく質の双璧だと思います。

生ハムをつくり始めたのが1970年代の半ば。本場スペインまで足を運び、改良に改良を加えながら15年かけて揺るぎのないものに仕上げました。

生ハムづくりで忘れられないひらめきは、裏山からの風でした。体から汗がすっと引くのを感じ、「湿度の高い日本で生ハムをつくるには、風が大切だ」と思い至ったのです。

ここで生ハムは紹介できませんが、家庭向きに牛薄切り肉のみりん干しなどいかがでしょう。みりん、しょうゆ、ともに日本の誇る発酵調味料を合わせ、ここに浸して干せば、安い肉がごちそうになります。魚のように塩を当て、干す時間がかからない点も手軽です。

みりん干しは、牛肉以外なら、いわし、たちうおなどが向きます。

②

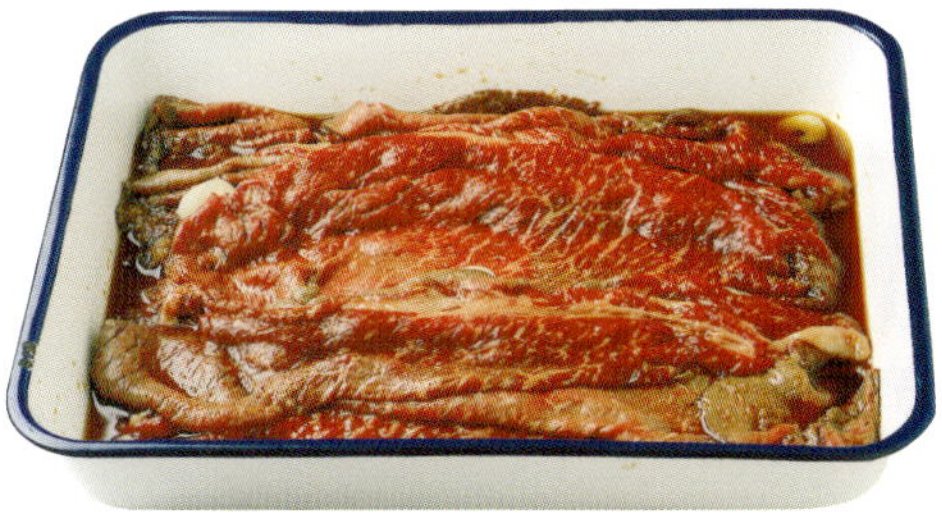

①

牛肉のみりん干し

肉を金ぐしで刺すときのコツを申し上げます。布地の弱い部分に当てて縫う別の布切れを「力布」と言います。肉が薄い部分は、肉の切れ端を力布のように当てて縫うとよいでしょう。安い薄切り肉を扱う工夫です。

材料
牛薄切り肉…適宜
割り地
　みりん4、しょうゆ6の割合
　しょうが汁…少々
　にんにく（薄切り）…少々

1 バットに割り地を用意し、牛肉をつけ込み、10〜15分間おく（前ページ写真①）。

メモ　割り地は牛肉を入れたときに、ヒタヒタより少なめでよい。

2 汁けをきり、肉の端を折って二重にし、金ぐしで縫うように刺す（前ページ写真②）。

3 風通しがよく、日の当たる場所で、30分〜1時間、やや赤みが残り、ねちっとした感じになるまで干す。

4 くるくると巻いて金ぐしを刺して遠火の強火で焼き、食べやすい長さに切る。

メモ　いわしの場合は頭を落として三枚におろし、割り地（にんにくは入れない）に2〜3時間浸す。金ぐしに刺して3時間干す。

れんこんの南蛮づけ

ここでつくる八方つゆのもとは、いろいろな料理に使い回しができて便利です。南蛮地はその一つです。くわしくは140ページをご覧ください。

材料

れんこん・ししとうがらし…各適宜

南蛮地

・八方つゆのもと
（酒1に対し、みりん2/3、しょうゆ1/3の割合）

・だし・酢…各適宜

赤とうがらし（小口切り）…1本

揚げ油…適宜

1 南蛮地をつくる。鍋に八方つゆのもとの材料を入れ、煮立たない約60℃まで温め、火から下ろして冷ます。だしで割り、酢でのばして赤とうがらしを加える。

2 れんこんは皮をむいて半月形に切り、160℃の揚げ油で揚げ、南蛮地に浸す。ししとうがらしは包丁で穴を開け、素揚げにする。

3 器に牛肉のみりん干しとともに、ししとうがらし、れんこんを盛る。

第四章 冬

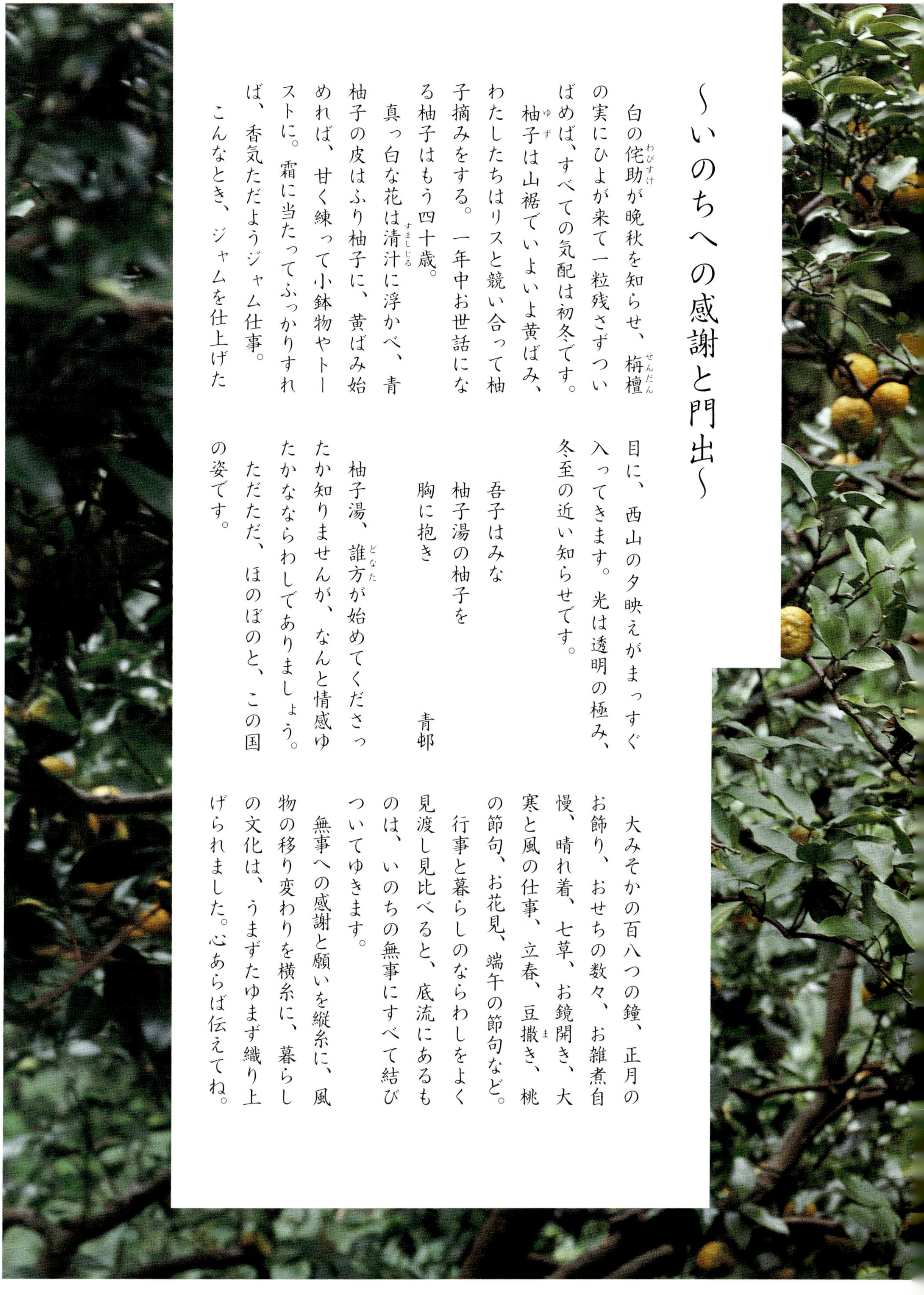

〜いのちへの感謝と門出〜

白の侘助《わびすけ》が晩秋を知らせ、栴檀《せんだん》の実にひよが来て一粒残さずついばめば、すべての気配は初冬です。

柚子《ゆず》は山裾でいよいよ黄ばみ、わたしたちはリスと競い合って柚子摘みをする。一年中お世話になる柚子はもう四十歳。

真っ白な花は清汁《すましじる》に浮かべ、青柚子の皮はふり柚子に、黄ばみ始めれば、甘く練って小鉢物やトーストに。霜に当たってふっかりすれば、香気ただようジャム仕事。

こんなとき、ジャムを仕上げた目に、西山の夕映えがまっすぐ入ってきます。光は透明の極み、冬至の近い知らせです。

吾子はみな
柚子湯の柚子を
胸に抱き　　青邨

柚子湯、誰方《どなた》が始めてくださったか知りませんが、なんと情感ゆたかなならわしでありましょう。ただただ、ほのぼのと、この国の姿です。

大みそかの百八つの鐘、正月のお飾り、おせちの数々、お雑煮自慢、晴れ着、七草、お鏡開き、大寒と風の仕事、立春、豆撒《ま》き、桃の節句、お花見、端午の節句など。

行事と暮らしのならわしをよく見渡し見比べると、底流にあるものは、いのちの無事にすべて結びついてゆきます。

無事への感謝と願いを縦糸に、風物の移り変わりを横糸に、暮らしの文化は、うまずたゆまず織り上げられました。心あらば伝えてね。

豆について

自分の国が、大豆圏、いんげん豆圏のどちらであるかを知ることは、豆の性質、食文化を知ることにつながります。

日本は大豆圏です。ゆえに、みそ、しょうゆ、豆腐、油揚げなど、大豆由来の加工品が多いのです。

一方、中南米や南ヨーロッパは、いんげん豆圏。この種の豆の皮が柔らかいのに対し、日本のいんげん豆は皮が堅く、アクも強いので、重曹での下処理が必要になります。

アクの手当ても異なります。日本料理では豆を何回もゆでこぼしてアクを除きますが、スペインではアクを取り去るのではなく、オリーブ油でアクを解消するのです。

日本人は、豆と砂糖を結びつけてしまいました。ぜひとも塩味で食べる習慣を身につけてください。

日本の大豆で子どもたちを守るため平成十六年から「大豆１００粒運動」を始めました。子どもたちの手によって日本中に大豆をまく運動です。人間は年齢相応の責任を果たせるということを、子どもたちにも知ってほしいのです。

「大豆１００粒運動の意志」を次のように表しました。

生命は、もろいものです。とりわけ、幼い生命は大変傷つきやすいものです。

それは、どれ程見守っても充分とは言えぬほどのものです。

この命を大切に致したく、手はじめに、この国の大豆を再興することから手をつけました。

方法の第一は、学童が掌《てのひら》一杯、約１００粒の大豆を播き、その生育を観察・記録し、収穫を学校で揃って食べることを奨励・拡大することです。

第二は、各風土の特質ある大豆、即ち、在来品種とその食方法を調査・発見し、復活・振興をうながし、援助することです。これは誰にとっても、興味つきぬ命題で、生き甲斐にさえつながりましょう。

第三は、大豆再興が、地域の着実な「底力」となるよう、情報交換し、「合力」することです。

「意志」は着々と具体化しています。さらに拡大、発展させるため「大豆１００粒運動を支える会」を発足しました。二十一世紀、日本人が頼るべき豆は、大豆をおいてほかにないでしょう。

みそについて

みそは、日本が誇る発酵調味料です。

欧米諸国の場合、塩による直線的調味は、油脂で味をやわらげて食べ心地をつくらねばなりません。

しかし、みそは発酵によって塩味がまろやかになり、さらにうまみがあるため、油脂に頼る必要はないのです。

塩と油脂の関係を断つうえでも、みその役割は重要でしょう。

●みその分類法

1　麹《こうじ》の原料による分類
米みそ、麦みそ、豆みそ

2　色による分類
白みそ、淡色みそ、赤みそ

3　味による分類
甘口みそ、中辛みそ、辛口みそ

4　産地による分類
西京みそ、讃岐みそ、三州みそ、越後みそ、仙台みそ

細長い日本国内のそれぞれの地域・風土に合ったみそがあるはずです。だた、季節によって求める味わいは変化します。一般的に、夏はしっかりめ、冬はあまめを好む傾向です。

しっかりめの極みが、八丁みそ（豆・赤・辛口）なら、あまめの極みは、西京みそ（米・白・甘口）でしょう。

特に、みそ汁をこしらえる際は、この2極の間を、季節や気候次第で加減する気配りを忘れないでください。そのためにも、みそは2種類以上常備するべきなのです。

なお、みそ汁をこしらえる際のコツは3つありますので、覚えておいてください。

1　合わせみそにする。
2　すり鉢ですり、だしで溶きのばす。
3　溶きのばした汁を裏ごしてこす。

この3点を守れば、みそ汁が格段においしくなるでしょう。

おせち料理

祝い肴
口取り（一の重・二の重）
煮しめ（三の重）

祝い肴

正月料理を思い心打たれるのは、その平等性です。

だれにでも手に入るもので祝いの膳がととのえられるように仕組まれています。ご祝儀に、数の子、黒豆、田作り。これに雑煮とお煮しめがあれば正月は迎えられると教えられました。

行事食は原形を大切に、簡素にととのえたいと望んでいます。なぜなら、その心は原形にこそ生き生きと認められ、昔を今にし、現《い》在《ま》を問うよすがとなるからです。

・数の子
・黒豆
・田作り

口取り

お正月の口取りを用意するについての心配りといたしまして、重箱を用いると否とを問わず、まず全体の花となるものを定めます。

花とはつまり、主役とでも申しましょうか。次においおい、相手役、わき役を選びます。生花をいけるときの取り合わせと同じで、主

（一の重）
・昆布巻き二種
・はまぐり、岩茸《いわたけ》の
　わさびあえ
・ゆり根の塩蒸し
・七草のひたし物
・あんずの甘煮

となるものが持ってはおらぬ性格で、相性がよく、互いに味のうえでも、口当たりのうえでも補い合い、総体的に調和するものをと願いつつ、献立を構成しております。

食味における五味に加えて淡味を忘れず、海のものと、山のものとの取り合わせ、冷めても味の目べりせぬ手法のもの、そして保存性。

また、調味においては、お雑煮の味を引き立てる心得も肝心です。

煮しめ

日常見なれた野や山の幸ばかりでありながら、しみじみとふくよかな味に煮上げたお煮しめは、あらゆるぜいたくを超えて、心にひびく味わいを持っています。

お煮しめは日本の煮炊き物の原形とみられ、祝儀、不祝儀いずれにもよく調和し、お菜としてだけでなく、酒肴にもなります。日本料理の原点に位置するものといえましょう。

（二の重）

- 伊勢えびの南蛮づけ
- とこぶしの柔らか煮
- きんこの含め煮
- 湯葉のつけ焼き
- ふきのとうの霞揚《かすみ》げ
- ふきのとうの含め煮
- 煮なます　柚釜

（三の重）

- しいたけ
- 鶏だんご
- ごぼう
- こんにゃく
- 焼き豆腐
- 里芋
- れんこん
- にんじん

祝い肴

お正月の祝い肴は数の子、黒豆、田作りの三種。自然の恵みに感謝し、伝承されてきた日本人の食行事を大切にしたいものです。

黒豆

まめに働けるようにとの願いをこめて、つややかに煮上げます。わが家の黒豆は、ふっくらと柔らかく煮た「ぶどう豆」ではなく、柔らかく煮たものをちょっと引き締める煮方で、表面に少ししわができますが、これもまた黒豆の持ち味をよくとどめていると思います。

材料

黒豆…カップ2

砂糖（白ざらめまたはグラニュー糖）
…カップ2〜3

しょうゆ…大さじ1

★落としぶた用の盆ざる（豆が躍らず、熱の対流もよいので最適）

★アルミ箔《はく》（鍋の周囲に巻く。熱を逃がさないよう即席の二重構造にするため）

●柔らかく煮る

1 黒豆の虫食いなどを除いてから水で洗う（写真①）。鍋に移し、豆の5倍の水に浸して一晩おく（約8時間）。翌朝、浸した水の量を見て、豆の上に水が4㎝くらいあるように、もし不足なら水を足し、盆ざるまたは和紙をのせ（写真②）、さらに鍋ぶたをする。

アルミ箔を二重にしたもので、

鍋の周囲と、ふたの上部を覆う（写真③）。

2 ガス台にのせ、火力はガス全開を10として4くらいで煮はじめ、煮立ったら、いちばん弱い火にしてコトコトと煮続ける。柔らかくなるまでの時間は、今年の秋とれた豆なら約1時間半、去年の豆なら約3時間はかかる。

最後まで豆の上に2㎝くらいの煮汁があるように、少なくなってきたら水を足す。

3 豆を一粒取り出し、親指と薬指ではさんでみて、じわっとつぶれるくらいまで柔らかくなったら、火を止め、アルミ箔で包んだまま人肌に冷めるまでおく。

● 砂糖を加える

4 鍋が冷めたところで、豆と煮汁を分ける（写真④）。

5 シロップをつくる。豆の煮汁カップ1を小鍋にとり、水カップ1と砂糖の半量を入れて火にかけ、砂糖を溶かして冷ます。

6 シロップが豆と同じ温度まで冷めたら、豆とともに鍋に入れ（写真⑤）、いちばん弱い火で約20分間煮る。

できれば、ここで半日休ませ、薄めのシロップが豆に浸透するのを待つ。

7 また火にかけて残りの砂糖を加え、煮えがついてから約15分間煮る。火を止める直前にしょうゆを入れて風味を出す。

少なくとも半日から1日くらいはおいたほうがおいしい。しずくが落ちないように、ふたをふきんで包んでおく（写真⑥）。

①

②

③

④

⑤

⑥

数の子

祝い肴の一つ。数の子には子孫繁栄を祈念する気持ちがこめられています。塩出しをしてから薄皮をていねいに除き、食べやすい大きさに手でちぎります。手でちぎると、数の子の渋みがつけ汁にしみ出すこともなく、上品に仕上がります。味つけはお好みで。

材料
塩数の子…適宜
塩…適宜
●濃いめの味につける場合
濃いめのつけ汁
　だし…カップ1
　煮きり酒…カップ1/3
煮きりみりん…カップ1/3
しょうゆ…カップ1/3
赤とうがらし…適宜
●薄味につける場合
薄めのつけ汁
　だし…カップ1
　煮きり酒…カップ1/4
煮きりみりん…大さじ1 1/2
うす口しょうゆ…大さじ3
削り節…少々
赤とうがらし…適宜

●濃いめの味につける場合
1　塩数の子は薄い塩水に浸して一晩おき、塩味が少し残るくらいに塩出しをして、薄皮をはぎ取る。
2　濃いめのつけ汁の、だしと調味料を鍋に入れ、火にかけて一割ほど煮詰める。種を除いて小口切りにした赤とうがらしを加えて冷ます。
3　冷めたつけ汁に、ちぎった数の子を浸して一晩おく。
4　汁けをきり、器に盛る。

●薄味につける場合
1　塩数の子は薄い塩水に浸して一晩おき、塩味が少し残るくらいに塩出しをして、薄皮をはぎ取る。
2　薄めのつけ汁の、だしと調味料を合わせ、数の子をちぎって浸し、上にガーゼを二重にして広げてのせ、からいりした削り節をふり込む。赤とうがらしも加え、半日くらい浸す。
3　汁けをきり、器に盛る。

田作り

豊作を祈ってかみしめる「田作り」。昔ごまめを稲作の肥料にしたところから、田作りと呼ばれてきました。

カルシウムをたくさん含んでいる小魚は、現代人にとっても必需品です。

材料

ごまめ…200g

赤とうがらし…1本

煮汁

水…カップ1/4

酒…カップ1/4

砂糖（白ざらめ）…大さじ山盛り2

しょうゆ…大さじ2

1 ごまめは3㎝くらいの、光沢のあるものを選び、頭をつけたまま、苦みのある内臓の部分をていねいに取り除く。

メモ ペティナイフを握り込むように持つと、内臓が出しやすい。

2 厚手の平鍋にごまめを入れ、弱火でゆっくりと香ばしくなるまでいり、取り出しておく。

3 赤とうがらしの種を取り除き、輪切りにする。

4 煮汁用の水、酒、砂糖を**2**の鍋に入れて弱火にかけ、砂糖が溶けたらしょうゆを加え、ゆっくりと半量くらいになるまで煮詰め、いったごまめを入れて火から下ろし、さっくりと混ぜて赤とうがらしを加える。

メモ 田作りをつくった鍋を洗わずにおいて、煮しめの焼き豆腐を煮るときに使うと、豆腐によい風味がつく。

●ごまめが割れやすいときの扱い

ごまめが乾燥して割れやすいときは、少し湿りけを与え、程よい堅さに戻したところで、おなかの部分を取るとよい。

それには、ごまめをポリ袋に入れ、キャベツの葉を1枚いっしょに入れておく。あるいは、熱湯で堅く絞ったふきんでごまめを包み、その上を乾いたふきんで覆ってしばらくおいてから使うなどするとよい。

口取り

右　一の重
左　二の重

(一の重)

献立の花として、当節、手間ひまかけたものも、花たりうると思います。

ここでは、昆布巻きが中心。ねっとりと甘辛い味の相手役は、ほどほどの酸味とわさびの香気のからむ、はまぐりの歯ごたえ。

ゆり根の塩蒸しは、ほろ苦く、ほっくり。

昆布巻きののちの七草など。

あんずの甘煮は、味のしめくくりとして加えてあります。

(二の重)

伊勢えびの南蛮づけは口取り全体の花ともいえましょう。南蛮地は、えびのうまみが失われぬよう、ほんのりとした配合にしてあります。

とこぶしは柔らかく、さっぱりと仕上げました。

きんこの独特の口当たりは、時間のかかったご馳走《ちそう》。

湯葉のつけ焼きは、こっくりとした結構な味で、品もよく、一の重の品々をも補うところがあります。

ふきのとうの大人びた味は、全体の引き締め役。

気取らぬ一品の煮なますは、ほっとする間合いのようなものでしょうか。

昆布巻き二種　生たらこの昆布巻き

生たらこを煮昆布で巻いてコトコトと炊き上げます。美しい切り口を見せるようにして盛りつけましょう。

材料（4本分）
生たらこ…二腹
塩…適宜
煮昆布（中幅で18㎝長さのもの）…4枚
ひねしょうが（薄切り）…1かけ分
煮汁
　酒…カップ1/2
　みりん…カップ1/2
　砂糖…大さじ3〜4
　しょうゆ…カップ1/4
★しばる糸（たこ糸など）を用意する。

1　生たらこは一腹を2つに切り離し、血管を包丁のミネでしごいて血を出す。薄い塩水に10分間ほど浸し、真水で洗い、水けをきっておく。

2　昆布は水につけてしばらくおき、しなやかにする。

3　昆布で生たらこを巻き、糸でくるくるとしばる。

4　鍋（角形のホウロウ製バットが使いやすい）に昆布巻きを並べ、かぶる程度の水（カップ2〜3に昆布のつけ水を加える）を入れ、しょうがの薄切りを加えて火にかける。

5　昆布が八分《ぶ》どおり柔らかくなったら、煮汁用の酒、みりん、砂糖を加えて煮続け、昆布が完全に柔らかくなるまで、途中で差し水をしながら、ゆっくり煮る。最後にしょうゆを入れて仕上げる。

塩ざけのアラの昆布巻き

日高昆布で塩ざけのアラを巻き、弱火で炊き上げたようなおいしさは、独特の練り上げたような力強さがあり、まさに日本の味と呼べるものの一つと思われます。手間と時間は少しかかりますが、多めに煮ておけば日もちもよく重宝します。

材料（約50本分）
塩ざけの頭、カマ、中骨など…1匹分
ぬか水（水カップ4：米ぬかカップ1/2の割合。ぬかを布で包み、水の中でもみ出す）
酒…約カップ1/4
レモン汁…少々
昆布（日高昆布）…300〜350g
かんぴょう…50g
塩…適宜
赤とうがらし…2本
実ざんしょう…少々

煮汁
酒…カップ1/2強
赤ざらめ…カップ1/2
しょうゆ…カップ2/3
甘露じょうゆ…大さじ3
黒砂糖…約大さじ3
★竹の皮2枚、枝番茶、紙ぶた
★鍋の代わりにホウロウ製の角形バットを使用すると、煮汁とのバランスがよく、そのまま冷まして冷蔵できるので便利。

1 塩ざけの頭は2つ割りにし、他のアラとともによく水で洗い、たっぷりのぬか水に浸し（写真①）、一〜二晩おく。第1日目はぬか水を朝と夕の2回替える。

2 塩ざけを水でよく洗い、1.5〜2㎝幅の細切りにし（写真②）、酒とレモン汁をふりかける。

3 昆布は長いまま水に約10分間つけ、しなやかにする。かんぴょうは塩もみして洗い、水に浸して戻す。それぞれのつけ水は昆布巻きの炊き水として使う。

4 昆布を広げ、さけの細切りを一切れずつのせ、端から1回転半巻いては切り離し（写真③）、かんぴょうで結ぶ（写真④〜⑤）

メモ　あまり堅く巻いたり、きつく結んだりすると昆布がふくらまず、味が芯《しん》までしみにくくなるので注意のこと。

5 竹の皮の中央部分に縦に数本切り目を入れ、鍋またはバットの中に敷く。

昆布巻きの結び目を上向きにし、すき間をあけて並べ、赤とうがらしと実ざんしょうをのせる。煮汁用の酒約カップ1/4、昆布とかんぴょうのつけ水をこして入れ（写真⑥）、かぶる程度に煮出した枝番茶を加える。

中骨など、アラの使い残りを昆布巻きの間にしのばせ、紙ぶたをし、軽いおもしをのせて竹ぐしが通るくらいまで煮る（写真⑦）。

メモ　柔らかくなったら火を止めて一晩おくと、余熱の力で昆布はさらにふっくらとなる。

6　**5**の鍋に煮汁用の酒カップ1/4と赤ざらめを加え、約20分間煮てからしょうゆを入れ、弱火で2〜3時間煮続ける。途中で煮汁が少なくなったら、少しずつ湯を足す。

メモ　しょうゆを入れる前に味見をして、さけから出る塩分によって加減すること。

7　昆布がすっかり柔らかくなったら、仕上げに甘露じょうゆと黒砂糖を加え、ひと煮立ちさせて火を止め、そのまま冷ます（写真⑧）。

メモ　**6**の段階で昆布が柔らかくなったら火を止め、しばらく味をなじませてから再び味をみて、仕上げの調味の加減をする。

8　盛りつけるとき、長さをそろえて両端を切り落とす。

メモ　12月30日に仕上げ、中一日おいて重箱に盛り込むようにしたい。

①

②

③

④

⑤

⑥

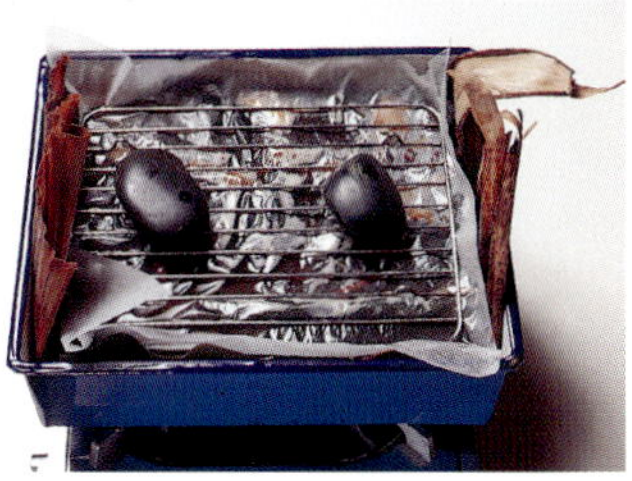
⑦

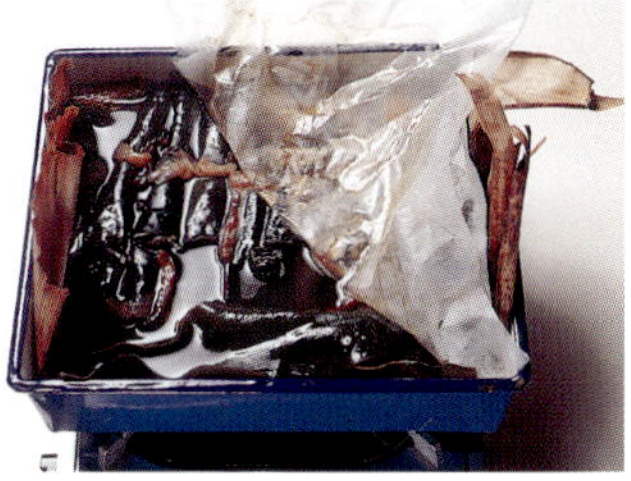
⑧

はまぐり、岩茸《いわたけ》のわさびあえ

酒蒸しにしたはまぐりに岩茸をあしらい、わさび風味をきかせた小粋な一品。

材料
はまぐり(砂出ししたもの)…適宜
岩茸（干したもの）…適宜
レモン…1/2コ
一番だし…適宜
わさび（すりおろす）…適宜
黄柚子《ゆず》の皮（せん切り）…少々
塩・酒…各適宜
うす口しょうゆ・酢…各少々

1　はまぐりにふり塩をし、殻をよく洗い、平鍋に並べる。レモンの汁を絞りかけて生臭みを取り、火にかける。酒をふり入れ、ふたをして蒸らすように火を通す。
2　はまぐりの身を取り出し、別の器に並べる。
3　蒸し汁をこし、美味に感じるところまで水で薄める。これを火にかけてひと煮立ちさせ、うす口しょうゆと酢を落とし、はまぐりにヒタヒタ程度に注ぎかける。冷蔵しておく。
4　岩茸はぬるま湯につけて戻し、水からゆでる。水にとって石づきを取り除き、よくもみ洗いして水けをきる。
5　一番だしを吸い物くらいに味を調え、岩茸を浸して味を含ませる。
6　**3**のはまぐりに隠し包丁をして貝殻に入れ、岩茸の汁けをきってのせ、わさび、柚子の皮、あれば青菜のおひたしを添えて器に盛る。

ゆり根の塩蒸し

淡泊でありながら、滋味深いのがゆり根の特長です。

材料
ゆり根…適宜
塩…適宜

1　ゆり根はきれいに水で洗って根元を切り、ペティナイフで鱗片《りんぺん》を1枚ずつはがす。中心部は姿のまま使う。
2　吸い物よりやや濃いめの塩水をつくり、ゆり根を15～20分間浸しておく。

3　塩水から上げたゆり根をふきんで包む。包むとき、ふきんの中央にゆり根をおき、手前と左右のふきんをゆり根にかけたら、最後の向こう側のふきんは包みの下側へ敷き込むようにする。

4　蒸気の上がった蒸し器にゆり根の包みを入れ、再び蒸気が上がってから6〜7分間蒸して火を止め、冷めるまでそのままおく。

七草のひたし物

せめて一種か二種でも野の香りをおひたしにしていただきながら、幼い人に若菜摘みのことなど語りきかせるひとときを持ちたいと思うのですが。

材料

春の七草…適宜（水ぜりに、かぶや大根の葉の芯《しん》の部分を少し加える。はこべなどが摘めれば、葉先を使うとよい）

塩…適宜

浸し地

一番だし…適宜

塩・うす口しょうゆ…各適宜

煮きり酒…少々

1　菜類は、塩を少し加えた湯で別々にゆでて冷水にとり、水けを絞って保存容器に入れる。

2　浸し地をつくる。一番だしを塩、うす口しょうゆで吸い物ぐらいに味を調え、煮きり酒を加えて冷ます。1の菜にたっぷりかけて冷蔵しておく（アクも解消する）。

3　盛りつけるときに汁けを絞り、食べやすいように切って、もう一度新しい浸し地につけてから絞り、器に盛る。

あんずの甘煮

材料

干しあんず・砂糖…ほぼ同じ目方を用意する

1　干しあんずは一度水で洗ってヒタヒタの水を加え、ホウロウ製の鍋で弱火でゆっくりと煮る。

2　柔らかくなったら砂糖を加え、ねっとりとするまで煮含める。

二の重

伊勢えびの南蛮づけ

生けの伊勢えびを使う、ちょっとぜいたくな料理です。できるだけえびの持ち味を生かすように、南蛮酢もえびのうまみに対する添え味ぐらいとお考えください。

材料（つくりやすい分量）

伊勢えび…2匹

南蛮酢

　酢…カップ$\frac{1}{4}$〜$\frac{1}{3}$

　昆布だし…カップ1強

　塩…小さじ$\frac{1}{3}$

　甘口地酒…大さじ3

　うす口しょうゆ…大さじ2

　赤とうがらし…1本

かたくり粉…少々

揚げ油…適宜

黄柚子《ゆず》…少々

1　伊勢えびの身を食べやすい大きさに切り、さらに隠し包丁を入れるが、そのとき、えびの身の節目を見ながら、包丁目はなるべく少ないほうがよい。

2　南蛮酢をつくる。酢を昆布だしで割り、塩、甘口地酒、うす口しょうゆで加減し、火にかけて50℃ぐらいに温める。火から下ろし、赤とうがらしの種を抜いて入れる。

3　伊勢えびの身にかたくり粉を薄くはたき、160℃に熱した油で揚げる。熱いうちに、**2**の南蛮酢に浸す。

4　重箱に詰めるときは、色よく湯がいたえびの殻に、南蛮酢に浸したえびを盛り、黄柚子の輪切りを添える。

とこぶしの柔らか煮

酒と昆布だしで柔らかく煮てから、みりんとしょうゆで薄味に仕上げます。

材料
とこぶし…適宜
酒・昆布だし…各適宜
塩・みりん・しょうゆ…各少々

1 とこぶしは塩をふって洗い、80℃くらいの湯に通し、身を殻からはずす。
2 ワタをはずし、砂の部分を取り除いて別に煮る。
3 鍋にとこぶし、酒、昆布だしを入れ、落としぶたをして火にかけ、とこぶしが柔らかくなるまで煮る。
4 十分に柔らかくなったら、みりんとしょうゆで味を調え、煮汁が半分くらいになるまで煮る。

きんこの含め煮

きんこは、なまこの干したもの。柔らかく戻してから、さらに番茶でゆでてくせを抜き、だしの味を含ませます。

材料
きんこ…適宜
濃いめのだし…適宜
酒・みりん・しょうゆ…各適宜
★番茶・わら

1 きんこは水につけて戻す。途中で水を替えながら、柔らかくなるまでつけるが、早くても2～3日はかかる。
2 おなかが切り開けるぐらいに柔らかくなったら、おなかを開き、内臓や筋、砂をきれいに取り除く。
3 きんこを、わらを入れた番茶の中でゆでる。水けが減ったら番茶または水を足し、途中で火を止めて休みながら、最低2日くらいかけて柔らかくする。
4 柔らかくなったら水で洗い、湯に入れて一度煮立て、水にとる。
5 濃いめのだしを酒、みりん、しょうゆで加減し、きんこを煮て、煮汁に浸しておく。1.5～2㎝幅に切る。

湯葉のつけ焼き

生の平《ひら》湯葉を揚げてから煮て、それをつけ焼きにしました。香ばしくてコクがあり、酒の肴に喜ばれます。

材料（つくりやすい分量）
平湯葉（生）…3枚
煮汁
　一番だし…カップ2
　酒…カップ1/4
　みりん…カップ1/4
　うす口しょうゆ…大さじ1 2/3
　しょうゆ…小さじ2
粉ざんしょう…適宜
揚げ油…適宜
★竹の皮

1　1枚の湯葉を横にして、左右の端を中央まで折り、さらに二つに折る。つまり四つにたたむ。これを細く裂いた竹の皮でしばっておく。
2　**1**を160℃の油で揚げる。
3　**2**を熱湯にくぐらせ、油抜きをする。
4　**3**を煮汁用の一番だしの中へ入れ、酒、みりん、しょうゆで味を調え、5～6分間煮る。
5　**4**を平らなものの上におき、湯葉の目に対し、直角に金ぐしを打つ。1枚に3本、縫うように、できるだけ表面には金ぐしを出さずに通す。
6　**5**を強火の遠火であぶる。途中、3～4回、**4**の煮汁をかけながら、焼き目をつけるように焼く。
7　焼けたら熱いうちにくしを抜き、粉ざんしょうをふる。盛りつけるとき、器に合わせて切る。

ふきのとうの霞《かすみ》揚げ

春先は、ほろ苦いものがおいしく感じられます。季節の香りを運んでくれる野の幸たち、失いたくないものの一つです。

材料
ふきのとう…適宜
衣（かたくり粉・小麦粉・水・塩）…各適宜
揚げ油…適宜

1 ふきのとうは傷んだところを取り除き、洗って水けをきる。
2 衣の材料を合わせて溶く。
3 揚げ油を170℃に熱し、ふきのとうに衣をつけて揚げる。

ふきのとうの含め煮

煮るとき加える梅干しが、不思議に苦みと調和して、味を引き立ててくれます。

材料
ふきのとう…適宜
梅干し…適宜
塩・酒・しょうゆ…各少々
★灰汁水《あく》（わらを燃やして灰にし、水に入れて混ぜ、しばらくおく。その上澄みが灰汁水）

1 ふきのとうは傷んだところを取り除く。灰汁水に塩を加えた中でゆで、水にさらす。
2 鍋に水、酒、しょうゆ、梅干しを入れ、ふきのとうを静かに煮て味を含ませる。

煮なます

〝和風〟サラダという感じのもので、おせちには欠かせない一品です。大根とにんじんのせん切りを風に当て、軽く火を通してありますから、つくりおきしても水っぽくなりません。できてから2〜3日後のほうがおいしくなります。

材料（つくりやすい分量）
大根…1/2本
にんじん…（大根の1/4量）1本
れんこん…（にんじんと同量）1節
干ししいたけ…4〜5枚
油揚げ…2枚
黄柚子《ゆず》…1コ
合わせ酢
　酢…大さじ2
　酒、または煮きりみりん…大さじ3
　塩…小さじ1
　砂糖…大さじ3
酢（れんこんの酢水用）…適宜
サラダ油…大さじ3
ごま油…少々

1 大根、にんじんはごく薄い輪切りにし、これを細く切ってせん切りにする。
盆ざるに広げ、風通しのよいひなたに2時間ほどおいて、上下を返しながら水けをとばす（写真①）。

2 干ししいたけは水につけて戻し、ごく細いせん切りにする。つけ汁も残しておく。

メモ　急ぐときは薄い砂糖水につけて戻すと早い。

3 れんこんは小口から薄く切り、酢水につけておく。

4 油揚げは熱湯でサッとゆでて余分な油を抜く。一枚に開き、内側の白いモロモロの部分を包丁でこそげ取り（写真②）、細く切っ

てからせん切りにする（写真③）。

5　合わせ酢の調味料としいたけのつけ汁大さじ3を合わせておく。

6　鍋にサラダ油を熱し、にんじん、しいたけ、れんこん、油揚げの順に中火でいため、五分《ぶ》どおり火が通ったところで大根を加え、強火にしていためる。大根が透き通るくらいになったら**5**を一度に回し入れ（写真④）、火を止める直前にごま油を加えて混ぜる。

7　火から下ろし、柚子の皮のせん切りを手早く混ぜ、バットなどに広げる。うちわであおいで急激に冷まし（写真⑤）、味をみながら、柚子の果汁を適宜加える（写真⑥）。

メモ　野菜をいためすぎないこと、手早く冷ますことがコツ。

①

②

③

④

⑤

⑥

煮しめ

三の重

手順を考えて、段取りよく

ここに紹介するお煮しめは、薄味でありながら中まで味がしみ込むように煮たものです。八種類の材料を別々に煮ることは、なれない方からみれば初めに疲れを感じるかもしれません。でも、手順を考えて段取りよく進めば、いつとはなしに炊き上がってしまうものです。

材料を二つのグループに分けて、煮汁を順送りに使っていきます。煮汁を残さず使いきるのが本来ですが、正月用の場合は保存性を考えて、煮汁を三分の一ぐらい残しながら送ります。

●第一のグループ

しいたけ、鶏だんご、ごぼう、こんにゃくの順に煮ます。しいたけを戻し汁で煮て、その煮汁で鶏だんごを煮たあと、使い送りします。

●第二のグループ

焼き豆腐、里芋、れんこんの順に煮ていきます。焼き豆腐を煮るとき、田作りをつくった鍋肌のうまみを取り込み、その煮汁を送ります。にんじんは色を大切に、別に煮ます。

八種類の煮しめを手順よくつくる

日	時刻	第一のグループ				第二のグループ			
		しいたけ	鶏だんご	ごぼう	こんにゃく	焼き豆腐	里芋	れんこん	にんじん
12月30日	16:00	水に浸す							
	17:00	煮はじめる 煮上がり		(洗って切る) ゆではじめ 包丁して 下煮					
	18:00	(煮汁に含ませておく)		(そのまま味を含ませる)					
	19:00								
	19:30					ゆでる			
	20:00	しいたけの煮汁 →	鶏だんごをつくる 煮はじめる 煮上がり			煮る(20分)			
	21:00								
	就寝前		味見 (一晩味を含ませる)			味見 (一晩味を含ませる)			
12月31日	7:00						洗って風に当てる		
	7:30		↑煮汁の脂を取り、火を通す(15分)		塩もみし、ゆでる	味見			
	8:00								
	8:30		鶏だんごの煮汁 →	本炊き(30分)		焼き豆腐の煮汁 →	皮をむき、煮る		
	9:00								下ごしらえ 煮はじめる
	9:30			(煮上がってから半日味を含ませる)			(煮上がってから半日味を含ませる)		(そのまま味を含ませる)
	10:00								
	11:00								
	12:00								
	12:30				手綱に結ぶ				
	13:00							下ごしらえ 油通し	
	13:30			ごぼうの煮汁 →	調味して煮しめる		里芋の煮汁 →	煮含める	

味見 味が足りなければ、調味料を加えて味を調え、静かに煮ておく。

三の重

しいたけ

第一のグループ。30日の夕方から煮はじめましょう。しいたけの戻し汁を使って、含め煮にします。

材料
干ししいたけ…（中）60g
煮汁
しいたけの戻し汁＋水…カップ4
みりん…大さじ$2\frac{1}{2}$
砂糖…大さじ$2\frac{1}{2}$
しょうゆ…大さじ3

1 干ししいたけはヒタヒタの水に浸して柔らかく戻す。
2 しいたけの水けを軽く絞り、軸を取る。軸も残しておく。
3 しいたけを軸もいっしょに鍋に入れ、戻し汁と水、みりん、砂糖を加えて約5分間、中火の弱で煮てからしょうゆを加え、ふたをして約20分間煮る。火を止め、そのまま3時間くらいおいて味を含ませる。

メモ　味を含ませている間にしずくが落ちないように、ふたを盆ざるに替える。

鶏だんご

第一のグループ。30日の夜に煮ます。柔らかすぎてもまとまりにくく、堅すぎれば味が半減します。ふっくらとした感じに煮上げてください。少し手間はかかりますが、クビ骨を砕いて加えると、いっそう味がよくなります。

材料
鶏だんご
鶏ひき肉…400g

卵…1コ
しょうが汁…小さじ2
みりん…大さじ1
しょうゆ…大さじ1
塩…少々
浮き粉…大さじ3（またはくず粉大さじ2）
水…カップ$\frac{1}{2}$

煮汁
しいたけの煮汁＋昆布だし…カップ4〜5
酒…大さじ1$\frac{1}{2}$
みりん…大さじ1$\frac{1}{2}$
しょうゆ…大さじ2

1 鶏ひき肉に卵、しょうが汁、みりん、しょうゆ、塩を加え、手でよく混ぜる。分量の水で溶いた浮き粉を少しずつ加えながら混ぜ、肉がスプーンからポトリと落ちるくらいの柔らかさにする。

2 鶏だんごが平らに並ぶ大きさの鍋を用意し、「しいたけの煮汁」と昆布だし、煮汁用の調味料を入れて煮立てる。水でぬらした大さじに$\frac{2}{3}$くらい**1**の肉をすくい、ゴムべらで形を整えながら入れる。

3 肉の表面が白くなり、固まりかけたら、落としぶたをして鍋ぶたもする。弱火で約20分間、途中で一度上下を返して煮る。そのまま一晩おいて味を含ませる。

メモ　しずくが落ちないように、ふたを盆ざるに替える。

鶏だんごに砕いたクビ骨を入れると、うまみと独特の口当たりでおいしくなる

鶏のクビ骨を出刃包丁で大まかにたたいてから、石の上で金づちでよくたたく。さらに、すり鉢に入れてつぶしずりし、鶏ひき肉に加える。ひき肉の約1割が適当。
　砕いた骨を入れた鶏だんごは、煮汁の浸透もよい。

ごぼう

第一のグループ。大みそかの朝に煮ます。昆布だしをたっぷり使って下煮をしますが、そのとき梅干しを加えてください。アクがよくぬけるので本炊きのときに味がしみ、いちだんとおいしくなります。

材料
ごぼう（土つき）…約300g
米ぬか…カップ$\frac{1}{4}$
下煮用煮汁
水…カップ3
昆布…7〜10cm
酒…大さじ3
梅干し…1コ
煮汁
鶏だんごの煮汁＋昆布だし…カップ3
酒…大さじ$1\frac{1}{2}$
みりん…大さじ$1\frac{1}{2}$
しょうゆ…大さじ$1\frac{1}{2}$

1 ごぼうはよく洗い、鍋の大きさに合わせて切る。

2 鍋にたっぷりの水と米ぬかを入れて沸かし、ごぼうを八分《ぶ》どおり柔らかくなるまでゆでる。

3 **2**を水で洗い、斜め薄切りにし、下煮用の煮汁で柔らかくなるまで、中火の弱で下煮する。そのまま含ませておく。

4 「鶏だんごの煮汁」の表面の脂を除いてこし、昆布だしと調味料を加え、**3**のごぼうを入れてふたをし、約30分間煮る。そのまま半日おいて味を含ませる。

メモ　しずくが落ちないように、ふたを盆ざるに替える。

こんにゃく

第一のグループ。大みそかの午後に煮ます。順送りに使ってきた煮汁を、こんにゃくを煮含めて使いきります。

材料
こんにゃく…$1\frac{1}{2}$枚
塩…適宜
煮汁
ごぼうの煮汁＋昆布だし…カップ2
酒…大さじ2
しょうゆ…大さじ1

1 こんにゃくはたっぷりの塩をふってよくもみ、水で洗い、下ゆでする。

2 こんにゃくを横にしておき、真ん中端から約7㎜厚さに切る。真ん中に約1㎝の切り目を入れ、片方の端をその中に通し、「手綱結び」にする。

3 鍋に「ごぼうの煮汁」と昆布だし、煮汁用の調味料、手綱こんにゃくを入れてふたをし、中火の弱でしばらく煮てからふたを取り、煮汁がなくなるまで煮しめる。

焼き豆腐

第二のグループ。30日の夕方から煮はじめます。田作りをつくったら、その鍋を使って焼き豆腐を煮れば、豆腐にうまみがプラスされます。

材料
焼き豆腐…2丁
煮汁
二番だし…カップ3
酒…大さじ$2\frac{1}{2}$
みりん…大さじ$2\frac{1}{2}$
砂糖…大さじ$1\frac{1}{2}$弱
しょうゆ…大さじ3強

1 焼き豆腐は縦2つに切ってから1.5㎝厚さくらいの斜め切りにし、ヒタヒタの水でグラグラゆでて「す」を入れ、ざるに上げる。

2 田作りをつくった鍋に二番だしと煮汁用の調味料、「す」の入っ

た焼き豆腐を入れ、ふたをして約20分間、中火の弱で煮る。火を止めて一晩味を含ませる。

メモ　しずくが落ちないように、ふたを盆ざるに替える。

里芋

第二のグループ。大みそかの朝に煮ます。土つきの里芋は、使う1時間半くらい前に洗って乾かしておくと、皮をむくときに手がかゆくなりません。下ゆでをしないで、すぐに煮汁で炊きます。

材料
里芋…（正味）600g
煮汁
焼き豆腐の煮汁＋二番だし…カップ4
みりん…大さじ$1\frac{1}{2}$
砂糖…大さじ$1\frac{1}{2}$
うす口しょうゆ…大さじ3

1　里芋は形を整えながら皮をむく。

2　皮をむいたらすぐ鍋に入れ、「焼き豆腐の煮汁」と二番だし、煮汁用の調味料を加え、柔らかくなるまで中火の弱で煮る。火を止め、そのまま半日味を含ませる。

メモ　味を含ませている間にしずくが落ちないように、盆ざるのふたをしておく。

れんこん

第二のグループ。大みそかの午後に煮ます。れんこんはやや厚めに切り、サッと油通ししてから、里芋の煮汁と二番だしで煮含めます。

材料
れんこん…（正味）300g
酢…少々
揚げ油…適宜

煮汁
里芋の煮汁＋二番だし…カップ$2\frac{1}{2}$～3
酒…大さじ$1\frac{1}{2}$
みりん…大さじ2
うす口しょうゆ…大さじ2

1 れんこんは皮をむいて7～8㎜厚さの輪切りにし、酢を入れた水に浸す。
2 揚げ油を180℃くらいに熱し、**1**のれんこんの水けをふいて軽く揚げ、油をきる。
3 鍋に揚げたれんこん、「里芋の煮汁」と二番だし、煮汁用の調味料を入れ、ふたをして中火の弱で煮汁がほぼなくなるまで煮含める。

にんじん

にんじんは美しい色に仕上げたいので、これだけ別に昆布だしと梅干しを入れて煮ます。梅干しを入れると味の奥行きが深まり、防腐の役にも立ってくれると思います。

材料
にんじん…200g
煮汁
昆布だし…カップ$1\frac{1}{2}$
梅干し…1コ
砂糖…大さじ$1\frac{1}{2}$
塩…小さじ$\frac{1}{2}$
うす口しょうゆ…少々

1 にんじんは皮をむいて7㎜厚さの輪切りにし、水に約10分間浸してアクを解消する。
2 鍋ににんじんと煮汁用のだし、調味料、梅干しを入れ、ふたをして中火の弱で柔らかくなるまで煮る。

●104～131ページの「おせち料理」は、「NHKきょうの料理　定本正月料理」（柳原一成、辰巳芳子、高橋英一、西健一郎、共著）から抜粋しました。

冬の献立

柚子《ゆず》ジャム
パン
スーパーミールの
牛乳がけ
りんごとにんじんの
ジュース

冬のかんきつ類といえば、きんかんと黄柚子がまず思い浮かびます。きんかんほど、皮がおいしいかんきつはないでしょう。柚子の皮もいわずもがな。

かんきつ類の皮は血管を強くします。寒さで血行が悪くならないよう、冬の血管を守るため、心して食べたいものです。

克己心《こっきしん》という言葉があります。それは、自分のわがままを乗り越える力のことです。現代は克己心を持って、つくり、食べねばならぬ時代です。

これは冬の朝食の献立です。オートミールやスーパーミールのような雑穀類も、克己心で食べないと健康は保てないでしょう。りんごとにんじんのジュースも市販品に頼らず、自分ですりおろしてつくるこころざしが必要ではないでしょうか。

以前イタリアで見た光景。レストランで従業員の賄いの時間、ピッチャーの水にレモンをギューッと絞り、皮ごとポンと入れました。皮を習慣的に食べている例です。日本の場合は柚子で実践したいものです。

柚子《ゆず》ジャム

加熱はしない生ジャムですから、香りが豊かで、ビタミンも壊れていません。

うす口しょうゆ少々を加えると酒のつまみになります。もともと祖父がそうして食べていたのです。

材料
柚子……適宜
はちみつ……適宜

1 柚子は半分に切って汁を絞る。
2 汁を絞った実は種を除き、皮もろとも薄切りにする。はちみつと**1**を加えて混ぜる。
3 パンを好みの厚さに切り、**2**の柚子ジャムをぬる。

スーパーミールの牛乳がけ

前の晩に混ぜておくので、味がなじんで食べやすくなっています。このひと手間が朝食の充実感につながるのです。
オートミールでもいいでしょう。

材料
スーパーミール1に対し、プレーンヨーグルト＋牛乳が1.5〜1.7
（プレーンヨーグルトと牛乳は等分。スーパーミールは77ページ参照）
りんご（薄切り）…適宜
バナナ（輪切り）…適宜

1 前日の夜に、スーパーミールとプレーンヨーグルトと牛乳を混ぜ合わせ、一晩おく。
2 翌朝、りんご、バナナを添える。

りんごとにんじんのジュース

11月から3月初旬まで飲んでいるジュースです。レモンの代わりに、もちろん柚子でも結構です。

材料
りんご…1コ
にんじん…1/2本（100g）
レモン汁…1/2コ分

1 にんじんは皮を多少厚めにむいてレモン汁をふりかける。すりおろし、ふきんで包んで絞る。
2 りんごは皮をむいてレモン汁をふりかける。すりおろし、ふきんで包んで絞る。
3 レモン汁に**1**、**2**を合わせて混ぜる。

第五章 新しいだしへの挑戦

～だし文化は食文化～

だし文化の比較は、各民族の食文化の全体像を推察できるほどのものです。

わたしたち日本人は、精進だし、魚介のだし、さらに現今は肉類、鳥の類からもだしをひきます。

精進だしは、多くの場合、昆布に野山の乾物を加え、静かに炊き出し、煎汁とします。現今これを用いるのは、仏教寺院の方々が主でありますが、衰弱、過労、老幼にはかけがえのない煎汁です。特にいり玄米の煎汁は重篤の病人を支えます。

魚介のだしを得る方法で、他国と比し興味深いのは、多くの場合、魚介を乾かす、焼くなど加工したものを用いることです。

西洋料理には見出されぬ方法です。特にかつお節にいたっては、驚異的食材といって過言ではないはずです。

だしの用い方は、汁物、煮炊きに用いるのは当然ですが、合わせ調味料の下地、たれ、ひたし物、だしで洗うなど多様な用い方をします。

読者に気づきをうながしたい一つは、だしのうまみに熟成調味料で調味をなしうる利点、ありがたみです。熟成調味料を持たず、塩を直線的に用いる国は、どうしても油、バターの類を用いて食べ心地をつくります。

わたしたちは、だしとみそ、しょうゆのおかげで、油脂控えめで食べ心地をつくりえます。

今後の気候の変化、高温多湿をしのぐには、この食文化を日常化した人と、なしえなかった人とでは、明暗を分かつとさえ案ぜられます。

一番だし

通常の「一番だし」は、火にかけて煮立つ直前に昆布を取り出し、上品な味に仕上げます。

しかし、家庭料理ならば昆布の滋養を出し尽くすため、20分間、ときには30分間も弱火にかけたまま、うまみを引き出したほうがよいと思います。

煮立てることのないよう、火加減に気をつければ、昆布のくせは出ないのです。

材料（つくりやすい分量）

水…カップ10

昆布…（5㎝角）10枚

削り節（かつお）…40g

1 鍋に分量の水と昆布を入れ、1時間くらいおく。強めの中火にかけ、昆布から小さな泡が出てきて揺れ出したら弱火にする。20分間くらい、沸騰しない状態を保つ。

2 味をみて「よし」といえるほど昆布のうまみを引き出したら、昆布を取り出す。水カップ1/4を注いで温度を下げ、削り節を入れる。

3 五呼吸（約5秒間）したら火から下ろし、まず、こし器を逆さにしてこす。次に、ざるに紙タオル（不織布《ふしょくふ》タイプ。一度水で洗う）を敷いてこす。かつおの臭みが出るので、削り節は絞らない。

メモ　いきなり紙タオルでこすと削り節がたまり、だしが落ちるのに時間がかかって臭みが出る場合がある。ゆえに2度こす。1回目で手早く削り節を除き、2回目で削り節の粉を除く。

4 すぐ料理をするなら、そのまま使用してよい。保存するなら、鍋に入れて火にかけ、水面がゆらりとする温度（約50℃）で殺菌する。完全に冷めたら密封容器に入れる。

保存 冷蔵庫で2～3日間保存できる。梅干しを1コ入れておくと、だしが傷みにくい。

煮干しだし

腹ワタと頭を取り除く従来の処理では、煮干しを使いきっていません。臭みは腹ワタとエラにあるのですから、エラを除いた頭こそ大いに活用すべきです。煮干しの粉をつくっておけば、食生活のよりどころになるでしょう。

ぬめりでアクを取り寄せる昆布。臭みを解消する干ししいたけ。この2つの存在理由はうまみだけではありません。

材料（つくりやすい分量）
煮干し…120g
（煮干しの粉にする）
昆布…（5㎝角）6枚
干ししいたけ…（大）2枚
（小さいものなら4〜5枚）
水…カップ10

● 煮干しの粉をつくる

1 煮干しは胴と頭に分け、胴は腹ワタ、頭はエラを取り除く。厚手の鍋に胴を入れて弱火にかけ、色づく程度にいる。一つ食べて生臭みがなく、香ばしくなっていればよい。

2 頭も同様にいる。胴と頭では火の通る時間が異なるので、別々にいる。

3 ミキサーかすり鉢に胴と頭を入れ、粉状にして密封容器に入れる。この状態で冷凍庫に入れておけば、3〜4か月間保存できる。

● 煮干しだしをつくる

4 鍋を2つ用意する。1つは昆布、しいたけ、水カップ7を入れ、1時間おく。もう1つは煮干しの粉大さじ3、水カップ3を入れ、同じく1時間おく。

5 昆布としいたけの鍋と、煮干しの粉の鍋を同時に弱火にかけ、沸騰する手前の状態で2〜3分間おく。ざるに紙タオル（不織布タイプ）を敷き、煮干しの粉の鍋の煮汁を、昆布としいたけの鍋にこし入れる。

6 昆布としいたけの鍋を、沸騰する手前の状態で数分間煮る。味をみてよければ昆布としいたけを取り出す。完全に冷めたら密封容器に入れる。

保存 冷蔵庫で2〜3日間保存できる。しいたけは汁物の具、煮物に使うとよい。

だしの利用法

だしをとっても、汁物に利用するだけでは料理が広がりません。

ここでの提案は、家族4人が1週間に使いきれる分量の二杯酢、三杯酢、八方つゆのもとをつくっておくこと。これだけで台所仕事の負担がかなり軽減されるはずです。

つくり方は共通。鍋に材料を入れ、煮立たない約60℃まで温め、火から下ろして冷まします。密封容器に入れ、冷蔵庫で1週間保存できます。

二杯酢

魚介の酢の物向きです。ちりめんじゃこ、いか、たこ、帆立て貝柱、甲殻類などがおすすめです。

酢は塩を加えると、うまみや甘みを発揮します。酢は塩を呼ぶのです。

材料

だし…カップ1

酢…大さじ3

うす口しょうゆ…大さじ2～$2\frac{1}{2}$

塩…少々

三杯酢

野菜の酢の物に適した合わせ酢です。砂糖を使うなら、合わせ酢がきれいに澄むようにグラニュー糖を使うとよいでしょう。

材料

だし…カップ1

酢…大さじ$2\frac{1}{2}$

煮きりみりん（または砂糖）…大さじ$1\frac{1}{2}$

うす口しょうゆ…大さじ$1\frac{1}{2}$

塩…一つまみ

八方つゆ

八方つゆのもとは、だしの量を加減して割れば、さまざまな料理に合わせることができる八方つゆになります。通常、だしに調味料を合わせて用意しますが、調味料にだしのほうを加減して合わせると、つゆの展開が可能になるのです。

材料

八方つゆのもと

酒1に対し、みりん$\frac{2}{3}$、しょうゆ$\frac{1}{3}$の割合

さばのアラのだし

いわしの漁獲量は年々減少しています。その事実を見据えると、煮干しは二十年後に存在しないかもしれません。

なくなってから代用品を探しても遅すぎます。そのためにも、他の魚の骨でだしをとる準備と練習をして食べなれるようにしておくべきでしょう。

まずは、さば。魚の中骨の中で、さばは特においしいもの。大阪の船場汁に、さばの中骨を用いている点でもそれは明らかです。さばが持っている全部の力をもらうつもりで取りかかってください。

材料（つくりやすい分量）

さばのアラ（中骨、頭、エラ、ヒレなど）…4匹分

塩…少々

レモン（輪切り。国産）…2〜3枚

香味野菜

たまねぎ（薄切り）…1/2コ分

にんじん（薄切り）…1/2本分

セロリ（薄切り）…1本分弱

パセリの軸…3本

ローリエ…2枚

オリーブ油…大さじ3

酒…カップ1/2

水…カップ7〜8

昆布…（3×7㎝）2枚

1　さばは、塩とレモンを入れた熱湯で湯引きし、ざるに上げる。

2　鍋に香味野菜とオリーブ油を入れて火にかけ、蒸らしいためにする。

3　さばを加えていため、木べらで中骨を、特に骨髄のあたりを砕いてエキスを出しやすくする。酒を加えて十分に行き渡らせ、くせを解消する（写真）。

4　分量の水を注ぎ、煮立ったらアクを取って弱火にする。昆布を入れて25分間煮て、裏ごしする。

メモ　この方法は、イタリアやフランスの仕事の応用である。

焼きさばのみそ汁

さばのアラのだしが完成したら、みそ汁に活用することをおすすめします。さばの力強い味わいと八丁みそがよく合うのです。

このだしは、そのままでは濃いので、水で3倍に薄めて使います。

材料（1人分）
さば（切り身）…適宜
合わせみそ
　八丁みそ…大さじ1/2〜1弱
　淡色中辛みそ…少々
さばのアラのだし
（141ページ参照）…50㎖
水…100㎖
ねぎ（厚めの小口切り）…適宜
塩・酒・柚子《ゆず》こしょう…各適宜

1 さばは塩を両面にふり、冷蔵庫に一晩おく。にじみ出た水分は紙タオルでふく。両面を焼いてから酒をはけでぬり、再び両面を火が通るまで焼く。

2 みそ2種はすり鉢に入れ、すりこ木でよくする。

3 さばのアラのだしは、分量の水で3倍に希釈する。**2**のすり鉢に適宜入れて溶きのばす。

メモ　みそ汁は、カップ3/4が1人分の目安である。

4 水で薄めたさばのアラのだし、溶きのばしたみそを鍋に入れて火にかけ、ねぎを加えて温める。

5 器に**1**のさばを盛り、**4**を注ぎ入れ、柚子こしょうを添える。

たぬき汁

こんにゃくの食感がたぬきの肉に似ているところから、この名称で呼ばれるようになったそうです。

こんにゃくは必ず油でいります。これにより、こんにゃく特有の石灰臭さが解消されます。

みそはできるだけ2種類以上を用いて合わせみそにしてください。1種類のみそにはない深い味わいが生まれます。

材料（5〜6人分）
こんにゃく…1枚
塩…適宜
オリーブ油…大さじ$1\frac{1}{2}$
合わせみそ
淡色中辛みそ…大さじ$1\frac{1}{2}$
赤みそ…大さじ3
さばのアラのだし
（141ページ参照）…300㎖
水…600㎖
ごぼう…適宜

1 こんにゃくは塩でもんで熱湯でゆで、食べやすい大きさにちぎる。鍋に入れ、オリーブ油を回しかけて弱火にかけ、出てきた泡が引いていくまでいる。

メモ　食べてみて、こんにゃくの味（石灰の味）がしなくなるまでいること。

2 みそ2種はすり鉢に入れ、すりこ木でよくする。

3 さばのアラのだしは、分量の水で3倍に希釈する。**2**のすり鉢に適宜入れて溶きのばす。

4 水で薄めた**3**のだし、溶きのばしたみそを鍋に入れて火にかけ、こんにゃくを加えて温める。

5 器に盛り、水にさらしたささがきごぼうを添える。

なまり節と中落ちの煮物

煮干しは少なくなるかもしれませんが、かつおはまだ大丈夫ですから、栄養素を体に取り込む手だてを知っておくべきでしょう。

だしそのものではありませんが、なまり節こそかつお節の源流であり、かつお節の親分です。

中落ちも捨てるにしのびない部位。ただ、ひどく足が速いので産地ですぐ炊いたものがあれば、それに頼るほうが現実的です。

材料（つくりやすい分量）

なまり節
- かつお…（背側）1節
- 塩・酒・しょうが（薄切り）…各適宜

煮汁（なまり節20㎝分に対して）
- しょうが（薄切り）…1かけ分
- 酒…カップ$\frac{1}{2}$
- 赤ざらめ…大さじ$1\frac{1}{2}$
- みりん…カップ$\frac{1}{4}$
- しょうゆ…カップ$\frac{1}{4}$

かつおの中落ちの煮物…適宜

しょうが（せん切り）…適宜

1 かつおは塩をふり、軽くはたきつけて冷蔵庫に30分間おき、にじみ出る水分はふき取る。

2 ふきんを酒でぬらして堅く絞り、せいろに敷く。かつおを皮目を上にしておき、酒をかけてしょうがを散らす。

メモ　あれば、さんしょうの葉でかつおを覆うと、香りよくなる。

3 蒸気の上がった鍋にのせてふたをし、15〜20分間蒸す。冷めるまでそのまま蒸らす。

メモ　なまり節の完成。厚めに切り、大根おろしなどで好みに食べてもよい。

4 完全に冷えたなまり節を2㎝厚さに切る。鍋に並べ、煮汁用のしょうがと酒を入れて火にかけ、順に加えていく。

5 調味料をすべて加えたら、水をかぶるくらい注ぎ、最低20分間煮る。一晩おいたほうがおいしい。

6 器に**5**とかつおの中落ちの煮物を盛り合わせ、しょうがを天盛りにする。

いなだのねぎま風

いなだは、ぶりの若いころの呼び名。ぶりのアラでは大きすぎて手に負えませんが、いなだなら扱うことも苦になりません。いなだのでは、いなだの煮汁はそのまま使用せず、必ず手入れして用います。すなわち煮汁をこし、やや煮詰め、不足を感じる調味料を加え、味を調えるのです。

これは、西洋の肉料理の手法を取り入れました。

材料（つくりやすい分量）

いなだのアラ（中骨、頭、カマなど）…500g

塩…少々

レモン（輪切り。国産）…2〜3枚

香味野菜

たまねぎ（薄切り）…1/2コ分

にんじん（薄切り）…1/2本分

セロリ（薄切り）…1本分弱

パセリの軸…3本

ローリエ…2枚

オリーブ油…大さじ3

酒…カップ1/3〜1/2

水…カップ5

みりん・しょうゆ・塩…各適宜

ねぎま用調味料

酒・みりん…各カップ1/4

しょうゆ…大さじ2

焼き豆腐・ねぎ（斜め切り）…各適宜

1 いなだは、塩とレモンを入れた熱湯で湯引きし、ざるに上げて水で洗う。

2 鍋に香味野菜とオリーブ油を入れて火にかけ、蒸らしいためにする。

3 いなだを加えていいため、酒を加えて鍋回しをする。分量の水を加え、みりん、しょうゆ、塩で薄めに味を調え、約20分間、静かに炊く。途中で身のついたいなだを取り出してとっておく。煮汁をこして鍋に戻す。

4 煮汁を軽く煮詰め、ねぎま用調味料を入れてやや煮詰める。

5 いなだ、焼き豆腐、ねぎを鍋に並べ、**4**の煮汁を注いで火にかけ、火を通す。

第六章 雑穀に託す夢

～雑穀の性根の強さ～

雑穀を初めて知ったのは六十五年前、十六歳ごろであった。「現代の日本人の体力は、先人たちが雑穀を食していたから」と桜沢如一は本気で語られ、わたしは伝わるいのち、伝えるいのちの重要性を知った。

時を経て、二〇〇五年ドイツ・デットモルトの食糧栄養研究所を訪問。同所の教授からドイツの麦と黒パンの刻苦、努力の歴史についての講義を受けた。「近年、外国旅行が容易となり、白パン、ピザなどの味を覚え、黒パンを食する人が減った。黒パンは大腸ガンを抑制し、黒パンを主食とした時代、我々は肉を多くとらずにすんだ」と結ばれた。

（ドイツには、同様の研究機関が六か所あり、研究所の報告に基づいて、政府は食糧栄養問題の施策を立てる）

他に、そば粉（全粒状態）を多食する、フランス・ブルターニュ地方。ロシアのそばの実をかゆ状の「カーシャ」にして常用する地方でも、同じく肉は多食しないとの報告を読んだことがある。

昨今、日本では雑穀が注目され始めているが、その前に食育においても「胚芽米」に取り組まねば。次が大麦、それからが雑穀。ものには順がある。順を踏まぬと真の理解に至りつけない。ファッション的は冷めやすく、生産の場を混乱させるから。

まず、官民ともに、雑穀の性根の強さと、先人たちと雑穀との関係を世界の「雑穀マップ」で知ろうとしてほしい。雑穀は二十一世紀を支えてくれるであろうし、二十二世紀に、よい形で贈ってゆきたい資産である。

燕《えん》麦《ばく》

(オートミール)、大麦

(押し麦)

オートミールのグラタン

大麦入りたまねぎのぽったら煮

たまねぎのヴルーテ

オートミールのグラタン

日本のたんぱく質と脂質の未来はそう明るくないでしょう。海は必ず衰えます。肉も安心できません。だからこそ雑穀を食べなれておく必要があるのです。

最も雑穀の力を取り入れやすい食品は、オートミールです。オートミールをホワイトソース代わりにし、油脂を使わないでグラタンにかけました。

主菜の直前にドーンと食べたい料理です。

—材料（つくりやすい分量）

オートミールフィリング
オートミール…カップ$1\frac{1}{4}$
たまねぎのヴルーテ…
カップ$\frac{1}{4}$（左記参照）
水…カップ3
塩…小さじ1
長芋…15㎝長さ
ぎんなん…適宜
揚げ油…適宜
塩…適宜
パルメザンチーズ…大さじ1
（すりおろす。他の硬質チーズをおろしてもよい）
バター…大さじ1

1　鍋にオートミールフィリングの材料を入れて、木べらですくってトロリと落ちる程度に煮る。

2　長芋は皮をよく洗って皮なり1㎝幅の輪切りにし、粘りをふいて160℃の揚げ油で軽く色づく程度に揚げる。いちょう形に切り、塩少々をふる。ぎんなんはゆでて薄皮をむき、半分に切る。

3　グラタン皿に長芋とぎんなんを並べ、**1**のフィリングをかける。パルメザンチーズをふり、バターをちぎって散らし、180℃に温めたオーブンで約15分間焼く。

たまねぎのヴルーテ

じっくりいため、うまみと甘みを引き出します。保存しておけば、たまねぎをいためる手間が省けて重宝このうえありません。新たまねぎはくせがないのでヴルーテに最適です。

—材料（つくりやすい分量）

新たまねぎ…400g
セロリ…200g

ローリエ…2枚
オリーブ油…大さじ3～4
白ワイン…カップ$\frac{1}{3}$
鶏のブイヨン…カップ2$\frac{1}{4}$

1 たまねぎとセロリはみじん切りにする。鍋にたまねぎとオリーブ油を入れ、弱火にかけて蒸らしいためにする。たまねぎがしんなりとしたらローリエとセロリを加える。

2 たまねぎとセロリがべったりとしたら、白ワインを注いでひと混ぜし、鶏のブイヨンを注ぐ。煮立ったら弱火にしてポッテリとしたペースト状になるまで煮詰める。

3 火から下ろして粗熱を取る。完全に冷めたら小分けにして冷凍庫に。3～4か月保存可能。

大麦入りたまねぎのぽったら煮

たまねぎのぽったら煮は、それ自体でおいしい料理です。ただ、大麦ならそこに入り込む理由があります。

煮てもサラッとした舌ざわりで食感もよく、たまねぎとスープのつなぎとして最適の役割を果たします。大麦をスープにもっと入れるよう心がけてください。

材料（つくりやすい分量）
大麦（押し麦）…50～100g
新たまねぎ…10コ
鶏のブイヨン…カップ10
昆布…（5㎝角）4～5枚
梅干しの種…3コ
ローリエ…1～2枚
オリーブ油…大さじ3
塩…適宜

1 大麦はサッと洗い、水に約10分間浸し、ざるに上げておく。

2 鍋に大麦以外の材料をすべて入れて火にかけ、煮立ったら弱火にしてコトコトと煮る。

3 たまねぎがやや柔らかくなったら、大麦を加える。たまねぎがぽったりしたら、塩で味を調える。

そば

そばがき

ロシアのそば米料理、カーシャに興味がありました。そば米を粒のままゆでるカーシャのように、主食としてたっぷり供したかったからです。たまたま、ロシア出身の女性、バレンティーナさんにお会いし、ロシア産のそば米でカーシャを披露していただいたことがあります。

ロシアのそば米はサラッとしてぬめりがなく、それは食べやすいものでした。一方、日本のそば米で同様にこしらえたカーシャは「ぬらっ」とした食感が抜けません。結局、ロシアと日本ではそばの性質が違うということがわかりました。カーシャには向いていませんが「ぬらっ」としているから、そば切りには適してるのだと。

それぞれの風土で、そばの質に合った料理にすることが大切だと思います。

二十一世紀は、白い米、白いパンになれてしまう軟弱さ、見た目の美しさを乗り越えて、そば米など雑穀を食べる準備が必要です。食べるということは克己心を求められます。安易な食事に甘んじている自分を乗り越え、努力しなければ、自分を守ることはできないのです。

そば粉のクレープ

そば米の鎌倉風

そばがき

フランス・ブルターニュ地方のそば粉のクレープをはじめ、そば粉の料理は他国にも多々あります。
日本でも、そばがきなら家庭向きでしょう。そば粉は全粒粉をもっと食べてほしいものです。

材料（つくりやすい分量）
そば粉（全粒粉）…150ml
水…300ml
塩…少々
そば湯
　そば粉1に対し、湯10
ねぎ（小口切り）・大根おろし・わさび…各適宜

1 鍋にそば粉、分量の水、塩を入れてよく混ぜ、火にかける。木べらでかき混ぜ続け、固まってきて、なめらかになってきたら火から下ろす。

2 水でぬらしたスプーンでつみれ状に形を整え、そばがきにする。

3 そば粉を湯で溶いたそば湯に、そばがきを浮かべ、ねぎ、大根おろし、わさびを添える。

メモ　そばがきは小さめに丸め、160℃の揚げ油で表面をカリッとさせ、揚げそばがきにしても。塩や天つゆで食べても美味。

そば粉のクレープ

このクレープで特筆すべきは、ブルターニュの例にならい、全粒粉のそば粉を使用している点です。普通のそば粉でつくる場合は、小麦粉を加えると上手にできるでしょう。好みの具をのせて召し上がってください。

材料（5〜6人分）
そば米（全粒粉）…150g
卵（割りほぐす）…3コ
牛乳…カップ$1\frac{1}{2}$
山芋（すりおろす）…大さじ1弱
溶かしバター…大さじ1
塩…少々

1 クレープ生地をつくる。ボウルに卵と牛乳を入れて混ぜ、そば粉をふるい入れる。山芋、溶かしバター、塩を加えて混ぜ、裏ごしする。

2 フライパンを弱火で熱し、玉じゃくし$\frac{1}{3}$杯分の生地を流し入れる。薄い円形に整え、固まったら裏返し、軽く焼いて取り出す。同様にすべて焼く。

メモ　以下のものを好みでのせて巻く。サワークリーム、バター、青かびチーズ、ロースハム、オリーブの実、フォアグラなど。
　または、しいたけのデュクセル（しいたけのみじん切りとたまねぎのヴルーテをいため、鶏のブイヨンでコトコト煮て、塩、チーズで味を調える）、塩ざけの昆布じめ（シブレットを芯《しん》にして巻く）を添えると申し分ない。

そば米の鎌倉風

和風のそば米料理。日本のそば米は、ゆでたときの「ぬらっ」がくせ者です。この手当てとして油でいためて、ぬめりと渋みを閉じ込めます。つけ合わせとして、おもしろみがあります。

材料（つくりやすい分量）
そば米…カップ2
豚ひき肉…200g弱
塩…少々
しょうが汁…小さじ1
ねぎ（小口切り）…1本分
しょうが（薄切り）…1/2かけ分
オリーブ油…大さじ3
酒…カップ1/4
塩…適宜
鶏のブイヨン…カップ3

1 豚肉は前の晩に塩、しょうが汁を混ぜ、冷蔵庫に入れておく。

2 そば米は洗い、ざるに上げる。

3 鍋にねぎ、しょうが、オリーブ油を入れて火にかけ、香りがたったら、**1**の豚肉を加えていためる。そば米を加えていため、酒、塩を加えて混ぜる。

4 鶏のブイヨンを注いでふたをし、中火で時々混ぜながら、汁けがなくなるまで煮る。

メモ　あれば、れんこんの薄切りに小麦粉をはけで薄くまぶし、160℃の油で揚げて添える。

あわ、きび、ひえ

雑穀のポタージュ

雑穀カレーピラフ
大豆カレー
ライタ、ポンム・パイユ

雑穀のポタージュ

雑穀は栄養面以外に、栽培・収穫の時期がずれていることにも価値があります。米麦一辺倒の生活では、何かがあったときに備えがありませんから。

雑穀のひなた臭さと苦みは、そばと同様に油で解消します。雑穀のいやらしさをここまで抑えた食べ方はないでしょう。

材料（つくりやすい分量）
大麦（押し麦）…100g
あわ…40g
きび…40g
豚ひき肉…200g
　しょうが汁…大さじ1
　酒…大さじ1
たまねぎ（みじん切り）…130g
セロリ（みじん切り）…70g
干ししいたけ…3〜4枚
オリーブ油…大さじ3
塩…小さじ2
白ワイン…カップ1/3
鶏のブイヨン＋干ししいたけの
　戻し汁…カップ6〜8
里芋…適宜
揚げ油…適宜
パセリ（みじん切り）…適宜

1 大麦、あわ、きびはサッと洗い、約10分間水に浸し、ざるに上げて水けをきる。

2 豚ひき肉にしょうが汁と酒をふり、しばらくおく。

3 干ししいたけは水で戻し、みじん切りにする。戻し汁は鶏のブイヨンと合わせておく。

4 鍋にたまねぎとオリーブ油を入れて火にかけ、蒸らしいためにする。セロリ、豚肉の順にいため合わせ、塩小さじ2/3をふり入れる。

5 しいたけ、**1**の穀類を加えていため合わせ、白ワインを注いでひと混ぜし、1/3〜2/3量の鶏のブイヨンを加えて約15分間炊く。

メモ　この段階で冷凍保存しておくと便利。

6 残りの塩と、鶏のブイヨンで塩分と濃度を調節する。

7 里芋は皮をむいて乱切りにし、160℃の揚げ油で素揚げにする。**6**に加えて器に盛り、パセリをあしらう。

雑穀カレーピラフ

ご飯をカレー風味にした理由は、かけソースとなるカレーを食べこまないための工夫です。あわ、ひえなどの雑穀が無理なくとりこめるピラフです。

材料（つくりやすい分量）
米…カップ1
発芽玄米…カップ$\frac{2}{3}$
大麦（押し麦）…カップ$\frac{1}{3}$
あわ…カップ$\frac{1}{4}$
ひえ…カップ$\frac{1}{4}$
たまねぎ（みじん切り）…60g
ローリエ…1枚
オリーブ油…大さじ2
白ワイン…大さじ2〜3
塩…小さじ1
カレー粉…小さじ2〜3
鶏のブイヨン…カップ$2\frac{1}{2}$

1 米、発芽玄米、大麦、あわ、ひえは洗って水に浸しておく。

2 鍋にたまねぎ、ローリエ、オリーブ油を入れて火にかけ、蒸らしいためにする。たまねぎの刺激臭が消えたら、**1**の水けをきって加え、いため合わせる。

3 米と雑穀が透明感を帯びたら白ワインを加えて混ぜ、全体が一塊になったら塩、カレー粉を加える。まんべんなく混ざったら温めた鶏のブイヨンを注ぎ、ふたをして普通に炊く。

4 器に盛り、あればイタリアンパセリをあしらう。

大豆カレー

手間をかけてつくるドライカレーは、雑穀のピラフに最高の相性です。ポッム・パイユとライタを添えれば食感の変化が楽しめます。

材料（つくりやすい分量）
豚ひき肉…200g
ゆで大豆（粗く刻む）…200g
トマト（粗く刻む）…カップ1
たまねぎ（みじん切り）…150g
ピーマン（種もみじん切り）…2コ分
干ししいたけ（戻してみじん切り）…3枚分
にんにく（みじん切り）…1かけ分

しょうが（みじん切り）…1かけ分
ローリエ…1～2枚
オリーブ油…大さじ3～4
カレー粉…大さじ3
ガラムマサラ…小さじ1
小麦粉…大さじ2
トマトケチャップ…大さじ$1\frac{1}{2}$
チャツネ（甘みをみて）…大さじ1～2
しょうゆ…大さじ$\frac{1}{2}$
赤ワイン（あれば）…大さじ1～2
鶏のブイヨン＋干ししいたけの
　戻し汁…カップ4
塩…小さじ$1\frac{1}{2}$
―こしょう…少々

1　鍋ににんにく、しょうが、オリーブ油大さじ2を入れて弱火でいため、香りを出す。オリーブ油大さじ1～2を足し、たまねぎ、ローリエを加えてふたをし、約12分間蒸らしいためにする。ピーマン、しいたけを加え、さらに蒸らしいためにする。

2　豚肉を加えていため、色が変わったら大豆を加えていため、カレー粉、ガラムマサラ、小麦粉をふり込み、全体をていねいに混ぜ合わせる。ケチャップ、チャツネ、トマト、しょうゆ、赤ワインを加えて混ぜる。

3　全体がまとまったら、鶏のブイヨン＋しいたけの戻し汁、塩、こしょうを加え、アクを取りながらコトコトと煮る。

メモ　ふたを半分ずらし、小麦粉を使っているので焦げつかないように鍋底に注意する。

4　ふたを取り、煮詰めて仕上げる。好みでチャツネを添える。

ライタ、ポンム・パイユ

ライタは、野菜入りのヨーグルトソースです。カレーにかけ、まろやかな味わいに仕上げます。きゅうり、パセリ、ハーブなど好みで加えてください。

渥美大根の漬物、セロリはみじん切りにする。プレーンヨーグルトに加えて混ぜ、冷蔵庫で冷やす。

パイユはフランス語で「わら」という意味。細切りにしたじゃがいもの食感が心地よい一品です。

じゃがいもは皮をむき、細切りにする。１６０℃の揚げ油で色よく揚げる。

辰巳芳子

たつみよしこ　1924年生まれ。料理研究家の草分けだった母・浜子氏のもとで家庭料理を学ぶ。また、宮内庁大膳寮で修業を積んだ、加藤正之氏にフランス料理の指導を受け、イタリア、スペインなど西洋料理の研さんも重ねる。父親の介護を通じてスープに開眼し、鎌倉の自宅でスープ教室「スープの会」を主宰する。NPO「良い食材を伝える会」代表理事。「大豆100粒運動を支える会」会長。

「食における慎み」の表現の難しさを、湯原一憲さんは喜んでお相手くださった。小林庸浩さんは地味なテーマを美しい写真にしてくださった。矢板靖代さん、対馬千賀子さんは辛抱強く助手をしてくださった。
皆様に心から感謝。

アートディレクション　高岡一弥
デザイン　伊藤修一　黒田真雪　松田香月
撮影　小林庸浩、佐伯義勝（おせち料理）
校正　川島智子
撮影協力　矢板靖代、対馬千賀子
編集　湯原一憲（NHK出版）

辰巳芳子　慎みを食卓に　〜その一例〜
2007（平成19）年 2月15日　第1刷発行
2012（平成24）年 11月5日　第6刷発行

著者　辰巳芳子

発行者　溝口明秀
発行所　NHK出版
〒150-8081　東京都渋谷区宇田川町41-1
電話　03-3780-3311（編集）
0570-000-321（販売）
ホームページ　http://www.nhk-book.co.jp
携帯電話サイト　http://www.nhk-book-k.jp
振替　00110-1-49701

印刷　大日本印刷
製本　ブックアート

ISBN 978-4-14-033242-9 C2077
Printed in Japan